新中国
农地制度研究

XINZHONGGUO NONGDI ZHIDU YANJIU

曾令秋　胡健敏　著

人民出版社

目　　录

序

　　《新中国农地制度研究》是曾令秋和胡健敏两位同志历经三个寒暑、潜心苦读、深入分析后写成的关于我国农地制度研究的专著。

　　我国作为一个人口大国和农业大国，几千年来形成的农地情结，在新中国成立后，不仅没有消失，反而越发浓烈，尤其是在改革开放后，现代化过程中的方方面面对土地的需求不断扩大、不断刚化。随着工业化、城市化进程的加快，越发要求以农地作为工业化、城市化的空间载体，加上对农产品的非农和非生活性需求的膨胀，对农地产出的要求越来越高。一言以蔽之，人口的增长、现代化的推进使农地的供求矛盾越来越突出，怎样解决这一矛盾，是社会各界关心的大事。《新中国农地制度研究》一书正是在这样的历史背景下，广泛借鉴学界相关研究成果而成的一本力作。

　　《新中国农地制度研究》涉猎了新中国成立后与农地制度相关的诸多方面的内容，从新中国农地制度变迁，到农地所有权、农地使用权、农地保护、政府相关职能等都有详尽分析，并有一定的独到见解。

　　关于农地制度的研究，既是一个古老的课题，又具有全新的时代内容,要"一著定乾坤"是不可能的,就本书而言,除上述所涉及的内容外,还有一些不容忽视的内容需要研究,如农地的属性,农地制度与其他社会制度的关系,都还有待充实,相信作者在以后的研究中,会对这些问题加以探讨和充实。

　　学不可以已。愿作者不断探索,不断提高,不断出新,是为序。

刘诗白

第 一 章

导 论

第一节 选题背景和意义

农地既是农村经济发展的基础要素、农民劳动的主要对象,又是农民利益的核心。农地制度是农村经济的基础制度,其他制度将以之为基础和核心并形成完整的农村制度体系。特定的农地制度是农村经济关系的具体体现,是农业发展的保障,是保护农民利益的有力工具。

新中国成立以来,我国对农用土地权益进行了多次调整,每次调整都给我国政治、经济、社会带来了深远的影响。新中国成立初期的土地改革,及时巩固了新生政权,极大地提高了农民的政治地位和生产积极性,较大程度地提高了农业生产力,比较彻底地变革了当时农村的政治、经济关系;改革开放初期的家庭联产承包责任制,迅速激发了农民的生产热情,较快恢复了正常的农业生产,在较短时间内解决了国人的吃饭问题,进一步巩固了农业在国民经济中的基础地位。同时,农地所有权与承包经营权的成功分离,为我国后来的城市、企业改革提供了成熟的理论支持,从此开启了我国改革开放的大门。

一、农地制度变迁与农业问题的辩证关系

我国历来就是一个农业大国,历届政府对农业生产和农业研究都给予了极大地关注。虽然,随着改革开放的不断深入,随着城乡工业经济的持续发展,农业产值在国民经济中所占比重越来越小,但是其基础地位并未因此而受到撼动。因为农业是国民经济的基础,关系到国民生存、国家独立、经济安全和社会稳定。农业的发展状况更关系到国家能否实现国民经济的可持续发展。我国人多地少,人地关系高度紧张,因生存而带来的环境破坏,如"围湖造田"、"毁林开荒"、"过度放牧"等时有发生,带来的后果如沙尘暴年年南移、洪水肆虐、久旱无雨等十分严重。同时,工业化肥的不合理使用、土地进一步盐碱化、草原进一步荒漠化严重威胁着人民的生产、生活和经济社会的可持续发展。虽然我国粮食供给80年代就已经实现了自给自足,但我国持续增长的人口与耕地逐年迅速减少的矛盾,已使传统的农耕方式难以为继。

（一）粮食安全与农地制度

曾任粮农组织总干事的爱得华·萨乌马1983年提出了粮食安全的概念,即"粮食安全的最终目标应该是,确保所有的人在任何时候都能买得到又能买得起他们所需要的基本食品"。换言之,能否做到粮食安全具有双重标准,首先是粮食生产力的保证,粮食供应量需足额而持续稳定,其次是粮食购买力的保证,需求者有意愿的同时有能力购买到他们所需要的粮食。在这样的定义下,粮食安全涉及粮食的生产、供应,甚至包括居民收入等一系列指标。然而,我国粮食供给离安全标准尚有较大差距,根据我国国土资源部2007年4月12日公布的2006年度全国土地利用变更调查结果报告:截至2006年10月31日,全国耕地面积为18.27亿亩,比上年度末净减少460.2万亩,全国人均耕地面积1.39亩。[①] 耕

① 国土资源部:2006年度全国土地利用变更调查结果显示我国现有耕地18.27亿亩,全国人均耕地1.39亩,资料来源:http://www.mlr.gov.cn/xwdt/jrxw/200704/t20070412_80256.htm,2007年4月12日。

地面积不仅在总量上与世界平均水平存在差距,还存在逐步递减趋势。粮食安全问题一直为我国政府和学术界所密切关注,人们希望在土地密集型农产品与劳动密集型农产品的生产之间达到和谐均衡。农地作为农业生产的要素载体为我国的粮食安全提供了资源和制度保障,因此,从粮食安全角度上看,完善农地保护制度至关重要。

目前,我国农地比较突出的问题主要体现在以下几个方面:第一,由于城市化、工业化进程的加快,农用土地大面积向城市用地转化,导致耕地总量不断减少。据国土资源部资料显示,1998—2002 年,仅城市建设和农业结构调整原因造成的耕地减少面积就达 8848 万亩。① 第二,由于粗放式耕种和化学肥料过度使用造成土地自然肥力不断下降,不合理耕作方式和植被破坏造成了水土大面积流失,耕地大面积荒漠化、沙化,同时工业污染和农药的不当使用也造成了有效耕地面积大量减少。第三,耕地后备资源不足和水资源地理性、季节性分布不均造成了耕地开发潜力不断减小。第四,人均耕地面积持续减少。

形成上述问题的根本原因在于,一是农地制度内容不完善,二是农地制度未能得到严格遵守。具体而言,一是农地制度在国家制度体系中的定位不准确,造成部分人在物质利益、眼前利益的诱惑下打农地制度的擦边球;二是未能建立完善的农地规划制度,或者没有严格地执行农地的规划制度;三是没有建立严格的农地使用和保护制度,在耕地的使用过程中既不注重保护土地的自然肥力,同时又过分依赖土地人工肥力;四是没有完善的农地总量平衡机制;五是耕地的重要性没有得到国民,尤其是部分当权者的足够认识,在已有政策的执行方面大打折扣。当务之急既要用制度来规范人们的行为,依靠外部约束来保护农业资源和生态环境,更要培养全民"藏粮于地"的粮食安全意识。

---

① 刘俊文:《耕地:确保粮食安全的基础》,载《调研世界》2004 年第 6 期,第 46、44 页。

（二）农业规模经营与农地制度

从经济学的意义上讲，如果对生产要素投入的增长幅度小于产出的增长幅度，就具有了规模效应。分工、专业化是促使劳动生产率不断提高的关键因素，是经济进步的核心本质，分工经济延伸出规模经济。

因此，农业规模经营并不表现为耕地面积的绝对数量的大小，而决定于农业内部分工、专业化发展的状况。就我国农业人口众多，人均耕地远低于世界平均水平的国情来讲，农业规模经营不是指土地面积绝对数量的大小，而是适度规模的程度；同时，根据不同地区的具体情况，协调物质、技术、劳动力的投入比例，提高对土地这种稀缺资源的利用效率。这种规模经营，既追求经济效益，又注重社会效益。"谷贱伤农"和农业比较收益较低等现象严重挫伤了农民的生产积极性，"抛荒"现象时有发生，因此，通过农业规模经营来提高农业规模效益已势在必行。然而，农业规模经营除了土地的适度集中要求外，还需要一系列制度支持，其中以农地制度最为关键。

结合我国目前的国情，搞好农业规模经营应该创新农地产权制度，并与家庭承包制相适应；遵循市场规律，建立完善的土地市场体系，特别是建立农地使用权流转市场；注重农业投入的资金规模、技术规模、人力规模与土地规模的协调。

（三）农业产业化与农地制度

农业产业化是当今农业发展的必然趋势。农业产业化应该坚持以市场为指导，实现区域化布局、专业化生产、一体化经营，进而实现农业生产资料的合理配置、农业产业结构的合理调整，同时发挥各地区的比较优势，实现城乡经济的良性互动。其实质就是经营一体化，推进农业产业化必须确立主导产业、发展龙头企业、提高农产品的商品化率。

我国农业产业化的推行较为缓慢，从制度经济学的角度来看，一个重要原因就在于，现行农村土地制度导致的交易费用过高，难以适应市场经济发展的要求。农业产业化是壮大农村经济的必然选择。因此，我国农地制度建设要与农业产业化相适应，确认农民土地使用权的排他性,提高其可交换程度,以推动农业规模经济的适度发展,降低农业生产的交易费用,实现农业经济的产业化。

二、农地制度变迁与农村问题的辩证关系

我国农村问题较多,总体来讲包括以下几个方面:农村贫困问题、农村人口问题、农村教育问题、农村组织问题、农村基础设施投入问题等,这些问题都与农用土地制度有着千丝万缕的联系。

(一)农村贫困问题与农地制度的辩证关系

农村贫困包括绝对贫困与相对贫困。绝对贫困就是指"农村真穷",包括部分农民的温饱未能根本解决、生存环境恶化等。相对贫困是指农村与城市相比、西部农村与东部农村相比、内陆农村与沿海农村相比,农村经济社会发展的整体差距太大。相对贫困是我国经济发展的特殊时期的必然表现,也是经济发展的区位差异的必然反映,与农地制度建设没有太大的联系。但农村的绝对贫困全然不同,与农地制度的安排联系紧密。家庭联产承包责任制虽调动了农民生产的积极性,但强化了农民的小农意识,抑制了农民对农业投入的积极性。农地制度变迁未能改变农民"靠天吃饭"的生存状况,反而抑制了农民改造自然、改善农业生产条件的积极性,随着时间的推移,"靠天吃饭"进一步强化,部分农民在贫困的基础上积弱积贫。

(二)农村人口问题与农地制度的辩证关系

家庭联产承包责任制确立了以土地换保障的农村社会保障体系,既调动了农民生产的积极性,又限制了农村人口的城市化进程。在"有保障"和恶劣的生存条件下,加速了人口的增长,只是在严格的计划生育政策的约束下,农村人口的增长速度才得到一定程度的抑制。但两种制度安排的非协调性,加大了计划生育政策的执行成本,并且越来越庞大的农村人口造成人地关系更趋紧张。农村的生存环境在资源的掠夺性开发条件下进一步恶化,造成更多的、非计划的人出生,并导致农村人口男女比例的严重失衡。总之,我国很大部分农民还没有走

出"穷与生育"的怪圈,农村人口的绝对数量还将在很长一段时间内保持增长势头。现有农地制度改革在社会保障和生产要素的双重负荷下,未能取得实质性的突破,更重要的是,农村剩余劳动力无法获得稳定的工作和有保障的生活,挫伤了他们从事农业生产的积极性,强化了农村自给自足的生产方式,使农村市场化进程减速,农业劳动生产率停滞不前,城乡差距进一步扩大。由于户籍制度改革、农民工进城务工的保障制度、务工农民子女的上学等制度供给的严重不足,导致农村剩余劳动力处于要转移但又进不了城,留下来种地但又无利可图的尴尬局面,从而造成土地资源的极大浪费。

农村人口变动影响农村土地制度改革,农村劳动力非农就业、农村人口流动和老龄化趋势加速了农户兼业化进程,导致农村土地制度出现了系列重大变革,尤其是农村土地承包期的延长,且有固化趋势,从而使农村土地承包权物权化、价值化,使用权社会化、市场化趋势逐渐明显。构建和完善新型农地制度,重点是解决好农地承包的权利结构和相应的权利内涵和外延,并使之规范化、法制化。

(三)农村教育问题与农地制度的辩证关系

农村教育问题表现在以下几个方面:(1)农村义务教育政策落实不到位;(2)为农村适龄人提供的高中与中等职业技术教育机会不足;(3)来自农村的、受过高等教育的人口占农村人口的比例非常小。由此导致了农民的城市生存能力不强、劳动手段单一、劳动技能缺乏以及个人素质不高等问题。这些问题又增加了农民对土地的依赖程度,增加了农业科技、实用技术等的推广难度,进而强化了农地的平均分配。即使出现大面积的农地抛荒,农地使用权流转市场也难以建立,其原因便在于此。同样原因造成"增人不增地,减人不减地"等农地政策在实施中大打折扣。农村教育水平越高的地区,对土地的依赖程度越低;农村教育水平越高的地区,其农地的流转市场也较为规范,农地产权结构也更为合理,农地的生产要素功能体现得也更加充分。

（四）农村组织问题与农地制度的辩证关系

农村组织包括两个方面：一是农村基层政权组织；二是农村经济组织。农村基层政权组织的问题表现在两个方面：第一，机构改革不到位，人浮于事，造成基层财政困难。第二，是基层组织的人员素质低，不能转换工作方式，依旧按计划经济的模式来办事，不能按市场规律有效地为农民提供服务。农村经济组织的问题，同样表现在两个方面：第一，经济组织的缺失，使农户不能直接面对市场。农户分散，组织化程度不高，面对大市场形成的过高的交易费用，农户对市场信息反应不灵，参与农业产业结构调整的积极性也就不高。第二，缺乏对农村现有组织资源的有效整合。

农村基层政权组织的机构臃肿，财政收入来源有限，财政困难在所难免。在农村税费改革的情况下，农业税的取缔导致部分当权者通过农地征用谋利，给社会增添了更多的不稳定因素。同样，农村经济组织的缺乏，农民组织化程度较低，农民抵抗市场风险、自然风险的能力较弱。因此，农民参与农业产业结构调整、农地使用权流转的积极性不高，农地难以形成规模经营。

（五）农村基础设施投入问题与农地制度的辩证关系

2004 年中央一号文件提出，要加强农村基础设施建设，为农民增收创造条件。从宏观层面上讲，农村基础设施包括农村交通、农村电网、信息网络、水利建设等；从微观层面上讲，包括节水灌溉、人畜饮水、乡村道路、农村沼气、农村水电、草场围栏等"六小工程"。农村基础设施建设的加强，将对改善农民生产生活条件、带动农民就业、增加农民收入等发挥积极作用。改革开放 30 多年以来，城市基础设施建设得到了较大程度的改善，但农村基础设施建设仍为落后，特别是大型水利、高等级公路等基础设施建设滞后，部分农村生存条件较差，农产品运输成本较高。

农村基础设施建设滞后的原因有两个：一是国家对农村基础设施建设的投入不足；二是农业内部对带有公共品性质的基础设施建设投

入不足。第一个原因与国家的发展战略、产业政策等相关,第二个原因则由农业内部制度安排所致。由于农地的人均分配,农民对大型农村基础设施建设投入的积极性不足,由于公共品消费的非排他性,农民产生了大量的机会主义行为。同时与农地制度相匹配的农村分配制度导致了农业积累的不足,即便农民有投入的积极性,也缺乏基础设施建设的资金支持。

三、农地制度变迁与农民问题的辩证关系

农民视土地为生存之本,辛勤劳作、精心耕耘,支撑和实现着富裕的希望;他们日出而作、日落而息,延续和发展着农业的文明。土地权益是我国农民最重要、最主要的权益,是他们的根本利益所在。维护农民的土地权益就是维护农民的根本利益,侵害农民的土地权益就是侵害农民的根本利益。从目前来看,农民问题最集中的体现在两个方面:一是负担过重;二是收入过低,增长缓慢。

（一）农民负担过重与农地制度的辩证关系

农民负担过重问题既是经济问题,也是政治问题和社会问题。农民负担过重,不但影响了农民生产的积极性和生活质量的提高,而且也直接影响到农业的发展和农村的稳定。自 20 世纪 90 年代以来,已经出台了十余个保护农民利益、减轻农民负担的政策与法规,但效果不太明显,政策、法规未能落实。

农民负担过重与农地制度变迁的关系体现在:首先,土地制度改革并未彻底减轻农民实际负担。按照法律规定,农村集体土地属"村农民集体所有",农民并非集体土地所有者,现实中,村集体经济组织或村民委员会也不能完全行使农地所有者权益,由此极易产生农村剩余产品分配不公、农民实际负担过重等现象。其次,农村土地所有权主体的多样性是负担过重的根源。现行的农村集体分为三级,即乡(镇)、村、社。一方面,作为土地所有权的集体究竟是哪一级不清楚,导致土地所有权主体模糊;另一方面,土地所有权的各个主体在利益分配上的

所有权体现,往往就是向农民收取费用,同时缺乏自我保护的充分必要的依据。因此深化农村土地制度改革,明确土地所有权与使用权主体,是减轻农民负担的重要根源。这样,一方面农村土地所有权界限不清、主体多元的问题能得到根本性解决,另一方面由于市场机制的作用,通过竞争,使土地这一稀缺资源与其他生产要素之间实现合理组合,提高产出水平。① 最后,与农地制度相适应的分配制度是加重农民负担的重要原因。"交够国家的,留足集体的,剩下全是自己的"分配制度存在较大的弹性,国家部分较易量化,但"留足集体的"因集体界定的模糊,使农民权益遭多重损害,从而加重负担。

(二)农民收入与农地制度的辩证关系

"三农"问题的核心是农民问题,农民问题的核心是农民增收。自改革开放以来,我国农民收入增长经历了以下几个阶段。1979—1984年、1992—1996年农民收入大量增加,收入主要来源于农业内收入,国家大幅度提高了农产品的价格。1984年由于农产品出现了相对过剩,出现了"卖难"现象。1985—1988年农民收入也是增长的,但收入增加主要来源于非农收入,得力于乡镇企业的迅猛发展。1997年以后,农产品价格持续走低,农业收入持续下降,出现了庞大的"民工潮"。2003年至今,由于农产品的恢复性增长,加上国家的补贴,农民收入增长明显。

总体来讲,人多地少和农民素质低是影响农民收入的关键因素。从农地制度的角度看,增加农民收入的基本措施包括:认真贯彻执行土地延包、农副产品收购和减轻农民负担等有关政策,让农民经营土地有利可图,充分调动农民的积极性②;明晰农地产权,建立并规范农用土

① 董雅珍:《关于农民负担解析》,载《社会科学战线》2001年第5期,第45—48页。
② 徐耀辉:《实现农民增收要抓好"五点"》,载《农业经济问题》2000年第1期,第60页。

地使用权流转市场的建立,推进农用土地使用权的流转;培植土地经营大户,鼓励农民从事第二、三产业,让农地向种田能手集中,打破农地承包的行政界限,扩大土地经营规模提高单位产出;尝试以土地入股,等等。

通过以上分析可知,与农地制度相关的问题总体来讲表现在以下四个方面:一是确保耕地的质量和数量,从而增加国家的粮食安全;二是建立适合我国国情的农地制度,确保农地的社会保障功能;三是农地制度变迁必须要有利于农民增收、农业增效;四是农地制度变迁要根据各地实际,尊重农民意愿,循序渐进,以诱制性制度变迁为主。

四、农地制度变迁研究的理论背景

农村土地制度是农业经济制度的基础,无论过去、现在或者将来都始终是我国农村改革的最基本问题之一。自新中国成立以来,我国农村土地制度经历了三次较大改革:第一次始于新中国成立后到1953年春的农村土地改革;第二次始于1953年互助合作的产生到1958年人民公社运动的结束;第三次始于70年代末80年代初至今的家庭联产承包责任制。这三次土地变迁对农地生产所产生的影响重大,结果令人忧喜参半。50年代初期所经历的农地制度改革较为顺应农业生产规律,在一定程度上加速了新中国成立初期的农业生产,建立初级社这一农地制度,初步体现了分离土地所有权与使用权这一趋势,较好地促进了规模经营的发展,而50年代后期高级社和人民公社的建立却违背了农地制度发展规律,导致农地产权边界模糊不清,挫伤了农民的生产积极性,降低了农业生产效率。这一状况一直持续到六七十年代所实行的"三级所有、队为基础"的农地体制。

改革开放以来,我国形成了以家庭联产承包制度为主的农地制度,这一制度安排基本符合我国国情。

从我国农地制度变迁史出发,提出了两方面的课题值得研究:其一,怎样从制度经济的视角出发去考察我国农地制度变迁的制度绩效;

其二,怎样进一步完善我国的农地制度。由此引发的广泛争论集中在以下几个方面:对产权范畴的理论规范的分歧;对我国农村土地产权制度绩效如何评价;如何完善我国农村土地产权制度,等等。

对我国现行农村土地产权制度缺陷的研究,学术界的观点基本一致,认为当前农地产权制度的缺陷主要体现为农村土地所有权产权主体缺位、产权关系不明晰、农村土地所有权权能残缺、权能结构不合理以及作为生产要素的土地资源配置效率不高。而农村土地使用制度的缺陷主要体现在土地承包关系不稳定、农村土地产权制度安排不尽合理等方面;农地征地制度方面的缺陷集中体现在地权歧视、政府滥用征地权、农村集体经济组织利益受损等问题上。因此,基于上述问题,多数学者研究认为,今后一个时期,农地制度的变迁应该主要围绕以下几个方面进行设计:如何明确集体土地的所有权主体;如何建立规范而合理的产权结构;如何建立合理而有效的土地流转制度,等等。

在众多的理论研究中,对于我国的农地产权制度究竟应该采取何种模式,也是百家争鸣,归纳起来,大致有以下几种模式设计:农地国有化改革模式,主张将集体所有农地收归国有,实行土地国有化;土地私有化改革模式,改变土地的集体所有制为农民所有,实行土地的私有私营;土地集体所有制改革模式,主张应坚持和完善土地集体所有制,认为明确的、功能完整的土地集体(村民小组)产权是我国土地制度建设的现实出发点;土地股份合作制改革模式,以土地股份化为主要内容,推进我国农村土地制度变革;多元土地所有制改革模式,包括承认一部分土地的农民个人所有权、分层次调整土地关系等设想;以及淡化土地所有权,强化土地使用权等观点。上述观点都有理论和现实的依据,也有不足之处。对此将在后文进行进一步的分析。

第二节 研究的结构与内容

本书共七章。第一章是导论部分,主要论述选题背景和主题、研究意义、国内外研究现状、结构安排以及创新之处。

第二章分析了相关基础理论,系统梳理了马克思关于农地制度的基本思想,总结了西方经济学关于农地制度的理论研究,并重点归纳了国内理论界关于农地制度改革的研究,尤其是有关农村土地产权改革问题;同时选择了日本、美国以及印度三个有一定代表性的国家,介绍了上述国家农地制度的基本内容及其变迁的基本情况,通过比较分析,不仅进一步阐释了农地制度的基本内涵,也指明了上述农地制度的变迁对于新农村建设背景下我国农地制度改革的借鉴意义。

第三章回顾了自新中国成立以来我国农地制度变迁的基本情况,分析了农地制度对于我国农业经济发展的影响,总结了我国农地制度变迁在不同历史时期的基本特征。通过分析认为,我国农地制度改革既具有灵活性,也具有原则性。诱致性制度变迁在我国农地制度变迁中起着主导作用,政府主导的强制性制度变迁起着积极的辅助作用。

第四章分析了我国农村土地集体所有权的制度改革问题,在分析了其产权内涵之后,从发展的角度提出了这一产权制度存在的缺陷,并在维持集体所有制前提下提出了相应的改革创新方案。完全的国有化或者彻底的私有化方案都不是农地集体所有制改革的方向,农地集体所有制本身存在固有的制度弊端,但是要彻底改变集体土地所有制的弊端,则需要结合农村基层政治体制的改革。从历史变迁与当前现状出发,彻底的公有制或者私有制都不可能成为农地所有权改革的现实方向,进一步深化农地所有权制度改革,只能在集体所有制的框架下进行,从以引入家庭承包经营为主要内容的生产经营体制改革,向以交给农民个人的一种明晰的、受法律保障的土地权利为主要内容的产权改革的转换。重点讨论了与此紧密联系的两个方面的问题:第一,农地所有权股份制改革探索,通过股份合作制对集体土地所有权进行改造;第二,农地所有权转移,即征地制度的改革与完善,关键是失地农民的补偿与保障问题。

第五章分析了我国农村土地使用权的制度改革问题,客观分析了家庭承包责任制的制度绩效,总结了各地对于家庭承包责任制的改革探索,分析了农地使用权制度改革中的关键问题——产权价格问题,并在此基础上探索了农地使用权市场化流转的问题。改革的关键是在长期稳定农民土地承包权的基础之上,把农事活动方面的土地使用权切实地交给农民,保障农民的农地使用权。文章分析了与此紧密联系的两个问题:第一,农地使用权流转的市场体系建设与制度建设,包括农用地流转与农村建设用地流转两个方面;第二,农地金融化的市场体系建设与制度建设。

第六章分析了我国的农地保护制度,在描述我国农地非农化以及农地保护现状的基础上,从市场失灵与政府失灵两个方面分析了当前农地保护制度目标之所以未能取得预期效果的主要原因,在借鉴国际经验的基础上,提出了今后进一步完善农地保护制度的基本目标与具体途径。快速发展的城市化进程是农地非农化的客观背景,由于私人决策与社会决策的冲突,造成农地保护的市场失灵,政府应根据具体情况选择合适的土地利用政策,但是由于当前的农地保护制度存在内在缺陷,又出现了政府失灵,双重作用使得我国的农地非农化具有内在的自发趋势。要切实实现土地资源社会的最优配置,就必须在理顺国家经济关系的基础上,在制定科学合理的城市化发展战略的前提下,采取诸如修正农地保护政策目标、完善农地保护政策执行合约、强化农地保护政策执行机制等措施,并辅以征地制度的改革,等等。

第七章辩证分析了农地制度改革中的政府职能,政府是农地制度创新的重要主体,但是同时也存在政府失灵的客观情况,进一步分析了今后一段时期我国农地制度改革的整体框架与基本途径。地方政府是推动土地制度创新的重要主体,这一点从"两田制"模式、贵州湄潭"增人不增地,减人不减地"模式、南海股份合作制模式等改革创新中都可以得到证明,地方政府具有及时发现制度创新需求、有效配置资源、降低制度变革成本的优势,但也存在一些行为缺陷,尤其在农地流转与农地保护方面表现得较为突出。为了增强国家土地政策对土地资源配置、利用和保护的调控作用,保障农产品供给与社会安定,有必要重新选择我国土地政策的中心目标,在此基础上构建起实现这一目标的对策措施体系。

第三节　研究方法与创新

一、研究方法

研究方法的选择是根据研究对象和研究目标来确定的。本书综合运用以下研究方法来研究我国农地产权制度变迁问题。(1)系统分析法。这是贯穿全书研究过程的基本方法。将农地产权制度作为一个系统,这个系统是社会资源配置系统的一个子系统,将受到社会资源配置系统中其他子系统的影响和制约;而其自身又包含了所有权与使用权两个主要组成部分,要素与要素之间、子系统与子系统之间是紧密联系、相互作用的。(2)辩证分析法。这是贯穿全文研究过程的基本方法,也是马克思主义唯物辩证的分析方法。在分析我国农地制度变迁绩效与改革方向的时候,我们必须辩证地分析不同历史阶段与发展环境对于农地制度的客观要求。(3)比较分析法。只有在比较分析的基础上,才能对不同制度的作用及其特点有比较准确的把握,因此,比较分析法贯穿论文的始终。

二、创新

与同类型研究成果相比,本书在以下几个方面进行了一些新的探索并显示出自己的特色。

首先,将农地制度的研究纳入社会生产力与生产关系的系统中进行考察,明确了农地制度具有社会福利保障功能、政治功能与经济功能,在不同的生产力与生产关系中,农地制度的主要功能也不尽相同,研究农地制度就必须将它放在农业发展水平、人地资源约束以及社会制度等要素决定的具体环境中,以辩证与发展的研究方法评析我国农地制度变迁的绩效,并在此基础上讨论农地制度改革的基本方向与主要举措。

其次,对我国农地制度的变迁进行了较为详细的追溯与回顾,将之总结为阶段性、变通行与一贯性三大主要特征,指出我国农地制度改革的主脉络是国家行政权利不断弱化,集体所有权逐步独立,农民承包经营权不断成长,这三个主体在农地产权结构关系中的动态变化也是本书研究的基本内容,农地制度的变迁就是这三个主体之间在产权关系上的不断重组,由此将现实生活中纷繁复杂的农地问题都纳入政府、集体与农民三者之间产权关系变化的基本框架之内进行深入研究,实现了由具体的现象描述向抽象的理论概括的升华。

再次,对我国农地集体所有权改革进行了深入研究,不仅辩证分析了农地集体所有权制度的绩效,也从经济体制转轨、农业产业结构调整、工业化与城市化协调发展等多角度论证了进一步改革农地所有权的必要。逐一分析了理论界有关农地所有权制度改革的基本主张,明确指出彻底私有方案或者完全国有方案都不可能是农地集体所有权改革的方向,主张在完善农地集体所有权的基础上,引入股份合作制来改造和优化农地集体所有制,建立现代土地制度。

第四,从市场失灵与政府失灵两个方面分析了我国农地保护制度实施效果不佳的成因,指出由于私人决策与社会决策的冲突、农民在农地非农使用中能获得更高效用而导致农地保护的市场失灵,而政府农地保护制度存在内在缺陷,目标有偏差,政策执行不完全,加之政府将农地进行非农转化后获得寻租利益,导致农地保护的政府失灵,双重作用导致农地非农化具有内在的自发趋势,改革必须从解决这两个方面的失灵入手,确立合理的保护目标,采取经济、法律与行政的多种手段,加强耕地保护。

第 二 章

农地制度变迁研究的理论基础

第一节 农地制度研究的基本概念

一、农村土地与农用土地的基本概念

（一）土地的基本概念

土地是自然的产物,是人类生存的物质基础,没有土地就没有人类的生存与发展。威廉·配第用"劳动是财富之父,土地是财富之母"来解读土地的重要性。马克思在论述土地时也说,土地是"一切生产和一切存在的源泉"[1],是"不能出让的生存条件和再生产条件"[2]。

一般而言,理论界将土地分为自然土地和经济土地。"自然土地是处于地球表面人类日常生产、生活活动所及的三维空间之内的,由土壤、沙砾、岩石、矿物、水、空气、生物等七种物质构成的,处于不同地貌、

---

[1] 《马克思恩格斯选集》第 2 卷,人民出版社 1972 年版,第 109 页。
[2] 《马克思恩格斯全集》第 25 卷,人民出版社 1974 年版,第 916 页。

地势、地质、水文及相关的气候状态的自然综合体。"①土地具有构成的整体性、存在的恒久性、数量的有限性、位置的固定性、性能的差异性等基本属性；具有承载万物、资源供给、养育人类的功能。从生产力的角度来看，作为物体的经济土地是以土地资源的面貌出现的。从生产关系的角度来看，经济土地涉及的面较广，包括土地财产、土地资产、土地资本等。

当然，在理论界对于土地的认识并没有达成一致，有的认为地球的表面就是土地，有的认为陆地表面疏松的、有肥力的、可以生长植物的表层部分才是土地，同时介于两种认识之间的还有多种表述。其实，土地的空间范围随着科学技术的发展而不断扩大，它与可获得资源在地球上的空间位置有关，人们获取自然资源的空间范围加大，土地内涵也不断得到充实。

不过，无论怎样界定土地的概念，土地必然具有自然属性和社会属性。研究土地就是研究在土地自然属性的基础上产生的各种经济问题，如土地的利用、土地制度的安排、土地权利与价值分配等。根据不同标准，可以将土地进行一定的分类，以便于与土地相关的各种经济问题的研究。在某一确定的区域内，按土地的位置，可以将土地划分为城市土地与农村土地；按土地的用途，可以划分为农用土地、工（业）用土地和其他产业用（土）地；按土地归属，可以分为私人土地、集体土地、国家土地等；按地貌可以分为山地、丘陵和平原等。

（二）农村土地的基本概念

由于地理位置的原因，农村土地与城市土地除了自然属性相同之外，几乎所有的经济功能和经济价值都不尽相同。界定农村土地的关键是界定农村的范围，根据我国的国情，一般将县域以下的范围称为农村，因此县域以下包括县域的土地都属于农村土地。根据不同标准又可将农村土地分为城（乡）镇建设用地与非城（乡）镇建设用地；农业用

---

① 周诚：《土地经济学原理》，商务印书馆 2003 年版。

地、农村工业用地与其他等。在《中华人民共和国农村土地承包法》中,农村土地是指农民集体所有和国家所有,依法由农民集体使用的耕地、林地、草地,以及其他依法用于农业的土地。这一界定已经大大缩小了农村土地的范围,它更接近于一般意义上的农用土地。

（三）农用土地的基本概念

农用土地就是一切用于发展农业的土地,包括耕地、园地、林地、草地等。[1] 其中:耕地是指生产农作物(包括粮食、经济、蔬菜作物等)的土地,包括熟地、新垦地、休闲地、草田轮作的牧草地、固定耕作的河滩地、围湖和围海所造田地等。园地包括果园、桑园、茶园、橡胶园、药用植物园以及其他经济作物园等。林地指生长乔木、灌木、竹类等主要用于林业的土地。草地指常年生长草本植物、覆盖度在 15% 以上的土地。其实各类农用土地并不是固定的,有时耕地会转变为园地,在退耕还林与退耕还草的政策下,耕地又变为林地与草地,当然也有园地、林地、草地转变为耕地。同时农用土地还可能转变为非农用地,如农用土地转变为农村工业用地、宅基地等。本书所讨论的农地就是一切用于发展农业的土地。正如《中华人民共和国土地管理法》中所讲:农用地是指直接用于农业生产的土地,包括耕地、林地、草地、农田水利用地、养殖水面等。

二、制度与制度变迁的理论内涵

（一）制度的基本概念

在人与人、人与自然交换信息的过程中,各个行为主体都在不断地实现自身的利益,并使之最大化。为了防止他人对自身合法利益的侵犯,同时也防止他人合法利益遭到破坏,就需要一系列的规则来约束人们的行为,这样便产生了制度。即"制度安排是在多人、多次重复的情景中的人的行为规范。所谓行为规范,就是保证不侵犯他人利益的约

---

[1]　毕宝德:《土地经济学》,中国人民大学出版社 1998 年版。

束。"①最初,康芒斯将制度解释为"集体行动控制个人行为"②。该定义给出了一个规则,即个人行为服从集体行为、少数行为服从多数行为的原则。诺思认为,"制度是一系列被制定出来的规则、守法程序和行为的道德伦理规范,它旨在约束追求福利或效用最大化的个人行为"③。同样,张曙光在《论制度均衡和制度变革》中指出:制度是人们交换活动和发生联系的行为准则,它是由生活在其中的人们选择和决定的,反过来又规定着人们的行为,制度决定了人们行为的特殊方式和社会特征。④ 当然,学术界对制度的定义还有很多,或者说,有多少经济学家就有多少种关于制度的解释。制度在经济、政治、文化等交往活动中产生,存在的要义在于保护参与者的利益,节约交易费用。制度的存在能实现个人效用最大化和人与人、人与自然的协调发展。广义而言,制度也称作制度结构,包括社会中各种制度安排的总和;狭义而言,制度也可代指某一特定类型活动或关系的行为准则。一句话,制度表现为一种社会关系。

一般而言,制度的存在有以下作用:规范行为人行为,帮助人们合理预期,控制人们机会主义行为。"制度的产生有益于实现潜在的规模经济,降低信息成本,分散风险以及将外部收益内部化",⑤节约交易费用。

(二)制度变迁的理论解释

制度表现为一种社会关系,在不同的生产力水平下,必然有不同的社会关系与之相适应。制度这一生产关系将随着生产力的发展而调整,或者随着影响生产力因素的改变而改变,反过来,制度的改变又可

---

① 盛洪:《现代制度经济学》(上卷),北京大学出版社 2003 年版。
② 康芒斯:《制度经济学》,商务印书馆 1997 年版。
③ 道格拉斯·C·诺思:《经济史中的结构与变迁》,上海三联书店 1999 年版。
④ 张曙光:《论制度均衡和制度变革》,载《经济研究》1992 年第 6 期,第 31—37 页。
⑤ Douglass, Institutional Change and Economic Growth, Journal of Economic History, March 1971.

能对生产力的发展起促进或阻碍作用。从一般意义上讲,新的制度安排将会带来较大的比较收益,促使制度变迁的成本能够得到足够的补偿,同时也只有存在潜在的、更高的利益才能促成现有制度的变革。制度变迁(变革)最终可能实现利益的重新分配,体现比以前较高的公平;或者使低效率的旧制度安排变迁为高效率的新制度安排,从而提高生产力、增进社会总福利。

对于制度变迁发生的原因,张曙光认为:"制度变革的发生是由于存在着制度非均衡,但并不是任何制度非均衡都能够立即引发制度变革;不仅如此,制度变革的发生又是制度均衡的实现。"①汪丁丁在研究关于制度变迁的历史后总结道:"在制度演变的过程中,有三件事在新制度经济学看来至关重要:(1)信息成本大于零是制度变迁的第一必要条件。因为若交易成本为零则一切制度都将等价于科斯定理。(2)制度变迁的终极动力在于个人利益最大化的行为,仍然是亚当·斯密的看不见的手。(3)生产性资产的专有性。"②当然制度变迁的动力较多,一般来讲包括:(1)有潜在的制度需求与制度供给;(2)节约交易费用;(3)大量的制度外收益的存在;(4)生产性资产的专用性加强等。

根据制度变迁方式可以将制度变迁分为诱致性制度变迁和强制性制度变迁或者称为内生性制度变迁和外生性制度变迁。实际上两种制度变迁常常交织在一起。诱制性制度变迁由弗农·拉坦和速水佑次郎③提出。诱致性制度变迁意味着制度变迁是经济变迁的一个内生要素,是市场经济作用的结果,而不是外生给定的。其变迁的机制可以从需求与供给两方面来说明。制度变迁的需求方面来自于要素与产品的相对价格的变化。由于要素相对稀缺性的变化引致的要素相对价格的

---

① 制度均衡,就是人们对既定制度安排和制度结构的一种满足状态或满意状态,因而无意也无力改变现行制度。制度非均衡,就是"欲意改变而尚未改变"的制度状态。参见张曙光:《论制度均衡和制度变革》,载《经济研究》1992 年第 6 期,第 31—37 页。

② 汪丁丁:《制度创新的一般理论》,载《经济研究》1992 年第 5 期,第 69—80 页。

③ 谭崇台:《发展经济学辞典》,山西经济出版社 2002 年版。

变化在经济生活中产生了一种潜在利润,实现潜在利润的要求就构成了制度变迁的需求,即通过改变制度安排来改善资源的配置效率。制度变迁的供给方面来自于社会科学知识和有关的商业、计划、法律和社会服务业的知识进步,这种知识的进步降低了形成和发展新制度所需的交易费用,从而降低了实现潜在利润的成本。显然诱致性制度变迁以一个完善的市场机制为前提,只有在价格机制正确而灵敏、竞争和信息充分从而交易费用较低的情形下,需求和供给两方面的力量才能"诱致"制度的变迁。林毅夫也认为"发生诱致性制度变迁必须要有某些来自制度不均衡的获利机会",并认为从某一制度均衡点开始,"有四种原因能引起制度不均衡:(1)制度选择集合的改变;(2)技术改变;(3)制度服务的需求改变;(4)其他制度安排的改变。"①强制性制度的变迁是由外部力量促使制度的变革,主要是政府法令、法律法规的引入和实行。显然强制性制度变迁是政府对经济干预的结果,它既可能促进经济的发展也可能抑制经济的发展。

三、农地制度与农地制度变迁的理论解释

（一）农地制度

农地制度首先是一种经济制度,是特定时期的一种社会关系,是人们在一定社会制度下以农地为中心所形成的经济关系的总和,在生产力发展的不同阶段,应该有不同的农地制度与农村经济发展水平相适应。同时从产权的角度来审视农地制度,应将其区分为农地经济制度和农地法权制度。农地经济制度体现为对农地的物权安排,即所有权、使用权及处置权的安排。农地法权制度是在上述三种权利的基础上所衍生的一切权利。农地经济制度决定农地法权制度,反过来,农地法权制度又反映、规范、保护、强化农地经济制度。有的学者认为:"完整的

---

① 盛洪:《现代制度经济学》(下卷),北京大学出版社 2003 年版。

土（农）①地制度，包括土（农）地所有制、土（农）地使用制度与土（农）地管理制度。"②丁泽霁认为："土（农）地制度表现了人们利用土（农）地进行农业生产活动所结成的社会关系。"③他特别强调：按照马克思主义政治经济学的方法研究土地制度，包括土地所有权、土地经营权及它们在经济上的实现等问题，必须放到一定的社会经济制度中去作具体的研究。因此不存在超越各种社会经济制度的土地制度。④ 他特别强调，马克思主义政治经济学所研究的土地制度包括土地所有权、土地经营权及它们在经济上的实现等问题，应该作为特定社会经济制度的子范畴加以研究。

农地制度是指人们占有、支配和使用农地的过程中所结成的各种关系的总和，包括农地所有权关系和农地使用权关系两大方面。它的核心是农地产权，本质是农地所有制。可见，对农地制度的理解应该包含以下几个方面的意思：（1）农地制度的本质是农村社会关系的反映。（2）农地制度的改变只是形式的改变、社会关系的调整，即对农地的所有、使用等主体的改变。（3）农地制度必然形成并反映一国或地区经济发展水平和农业生产力发展状况。（4）不适应或超越生产力发展水平的农地制度安排，必然阻碍农业生产力的发展。

通过对农地制度的概念分析可知，农地制度包括以下内容：（1）农地所有制与农地的所有权。农地所有制即农地财产的归属制度，如农地个人所有制、农地集体所有制、农地国家所有制等。农地的所有权是农地所有制在法律上的体现，它具有绝对性、排他性、权能构成的全面性以及权能组成的可分离与可复归性。（2）农地使用制、农地的使用权与农地使用权流转制度。（3）农地经营制度。（4）农地储备与征用制度。（5）农地用养制度等。

---

① 本段中"（农）"为作者自己加。
② 毕宝德：《土地经济学》，中国人民大学出版社 1998 年版，第 209 页。
③ 丁泽霁：《农业经济学基本理论探索》，中国农业出版社 2002 年版，第 221 页。
④ 丁泽霁：《农业经济学基本理论探索》，中国农业出版社 2002 年版，第 225 页。

（二）农地制度变迁

农地制度的变迁表现为以农地为中心的经济、社会关系的改变,也表现为农地所有权主体、农地使用权主体、农地管理权主体的更替。从制度变迁的一般理论出发,可以认为农地制度的变革也是由于农地制度非均衡的存在,而造成农地非均衡的因素有二:一是农地制度本身存在的缺陷,如农地产权残缺;二是外生条件的变化。① 或者是由于引致农地变革的潜在收益的存在,如规模经济收益、市场配置收益、交易成本的节约以及市场风险的分摊所带来的收益等。农地制度的变迁既可以是农地所有制与所有权的改变,也可以是农地所有权所衍生其他权利的部分调整。

如果联系我国农地制度变迁的历史事实,从新中国诞生至今,我国的农用土地制度从形式上看,经历了土地改革、初级农业生产合作社、高级农业生产合作社、人民公社、家庭联产承包责任制几个阶段;从土地的归属来看,经历了土地私有、土地部分国有、土地全归国家集体所有、土地所有权与经营权分离几个阶段。不同的农用土地制度安排受政治、生产力的发展水平、固有的传统文化以及经典理论的影响,各种制度安排都不同程度、不同层次的满足了当时社会需要。也有学者认为:"中华人民共和国成立以来,……中国农地产权制度变迁过程与其说是尝试不同的制度安排的过程,不如说是效率和公平的博弈过程。"②因此,从各种农地制度安排的最终结果来看,农地改革所形成的农地农民所有制和家庭联产承包责任制体现了较高的公平和较高的效率,对农业生产力起到了促进作用。相反,"穷过渡"形成的高级合作社和人民公社是既缺乏效率又缺乏公平的制度安排,对农业生产力的

---

① 王小映:《土地制度变迁与土地承包权物权化》,载《中国农村经济》2000 年第 1 期,第 43—49 页。

② 邓大才:《效率与公平:我国农村土地制度变迁的轨迹与思路》,载《经济评论》2000 年第 5 期,第 40—42、46 页。

发展起阻碍作用,最终被新的土地制度代替。

理论界普遍认为,我国现行农用土地制度依然存在诸多的问题,比如:土地产权不完整、农用土地没有实现总量的动态平衡、农用土地没有实现规模化经营、农用土地利用效率低下、农用土地进一步"细碎化"等,因此,改革现行的农用土地制度势在必行。任何一种制度的诞生都能在旧的制度中找到它的雏形,也就是说,制度的演变过程就是吸收旧制度的合理成分,根据生产力的发展要求逐步推进。因此,只有系统地了解我国农地制度的变迁历史,才可能准确把握我国农地制度变迁的方向。对此后文将有详细论述。

四、农地产权制度的内涵

(一)产权的基本内涵

产权是现代社会出现的一个新的经济学范畴。一般认为,它是随着资本主义股份公司的出现而产生于19世纪末20世纪初。首先是奈特在批判庇古《福利经济学》中关于社会成本和私人成本分离时,提出了产权的所属导致的合约选择和资源配置问题,但是奈特当时提出这个问题时并没有引起人们太多的重视,而是直到1960年科斯发表《社会成本问题》后才引起学术界的广泛重视,并使产权逐渐成为经济学者们研究的对象,从而形成了如今的产权经济学。

虽然把产权作为经济学研究的对象已经有半个多世纪,但由于经济活动形式的多样性及其内容的丰富性,人们对产权概念的界定并不一致,因而也就出现了对产权的多种表述。归纳起来,大致有以下几种主要观点:(1)财产所有权说。认为产权就是指财产所有权。但产权经济学的创始人科斯认为,产权不是指所有权,而是至少两个经济行为主体之间权责利益的关系。(2)复合财产权利说。认为产权是以财产为客体的各种权利的总和,包括所有权、占有权、使用权、收益权和处置权等,它是人们围绕或通过财产而形成的经济权利关系,其直观形式是人对物的关系,实质上是由于物的存在和使用而引起的产权主体之间的关系。① （3）选择说。产权是一种对特定物品的使用选择权，代表着对某种经济品的特定使用权利。这与著名的《新帕尔格雷夫经济学大辞典》的解释，产权是"一种通过社会强制而实现的对某种经济品的多用途进行选择的权利"相同。（4）工具说。美国产权经济学家德姆塞茨指出："产权是一种社会工具，其重要性就在于事实上它们能帮助一个人形成他与其他人进行交易的合理预期。这些预期通过社会的法律、习俗和道德得到表达。产权的所有者拥有他的同事同意他以特定的方式行事的权利。"他还指出，"所谓产权，意指使自己或他人受益受损的权利"②，因此，在德姆塞茨看来，产权是一种界定各交易主体如何受益或受损的工具。类似的表述还有，认为产权既不同于生产资料所有权，也不同于通常法律意义上所说的"财产权"，它是指在不同的财产所有权之间对各自权利和义务进行进一步划分与界定的规则。③（5）行为性关系说。认为产权这一概念指的是与物的利用有关的不同人之间的行为性关系。（6）收益权说。认为产权是对物品或劳动加以支配或利用以获取收益的权利。（7）支配权利说。认为产权在经济社会中意味着对资源运用的支配权。（8）社会契约说。认为产权是一种社会契约，是实际中行使的权利。比如，某人没有某物的所有权，但他有该物的使用权、收益权或者转让处置权，那么，此人就拥有了该物的全部产权。④（9）产权束说。认为产权是一组权利束，它主要包括所有权、使用权、受益权、处置权等多种权利。⑤ 此外，对产权持有不同看法

---

①　黎元生：《论培育我国农地产权市场》，载《福建师大福清分校学报》1998 年第 1 期，第 11—13 页。

②　H·德姆塞茨：《关于产权的理论》，《财产权利与制度变迁——产权学派与新制度学派译文集》，上海三联书店、上海人民出版社 1994 年版。

③　樊纲：《渐进之路》，中国社会科学出版社 1993 年版。

④　刘凤芹：《农民土地权利的保护与"三农"问题》，载《经济社会体制比较》2005 年第 1 期，第 120—126 页。

⑤　张红宇：《我国农村土地产权政策：持续创新——对农地使用制度变革的重新评判》，载《管理世界》1998 年第 6 期，第 168—177 页。

的还有产权运动说、财产所有权与法人财产权说、所有权延伸说、出资人权利说等。

综上所述,本人给产权的定义如下:产权,是指在一定时间内,以不同的形态存在于至少两个微观经济主体(私人、组织、政府)之间的,对财产进行控制和行使的所有权、占有权、使用权、收益权和处置权等的一组权利。因此,产权这个概念至少包含三层含义:(1)产权包括权益和权能两个方面。其中,权益是产权对产权主体的效用或带来的好处,具体体现在对财产行使的收益权上;权能是产权主体对财产的权利或职能,具体表现在对财产的所有权、占有权、使用权和处置权上;任何产权都是通过主体权能的形式而实现产权权益。而在产权的所有具体的权益和权能之间,它们又具有一定的层次性,其中所有权是产权的核心,其他权利是所有权的派生。(2)产权的直观形式表现为人对物(有形财产和无形财产)的关系,实质上是主体通过对物的关系(占有、使用等)来实现主体与主体的关系,因此,产权具有调节各经济行为主体之间责、权、利关系的功能。(3)产权本身还具有排他性、可分性和交易性。首先,产权的排他性是指特定产权只有一个权力主体(可以是自然人也可以是法人),多主体就无所谓产权。产权的可分性是指产权的权能可分,当然这不排除所有权能也可以集中于一个主体,不过产权权能的独立和分离原则是:产权的分离要在经济上更加有效率。最后,产权的可交易性是指产权本身也可以作为商品交易的对象。

(二)产权制度的基本内涵

因为对产权有不同的理解,因此对于基于其上的产权制度也就存在不同的定义。(1)有观点认为,所谓产权制度,是指为产权的界定、使用、转让和产权的收益而建立的制度性规则[①],它是"产权的强制性代表,由一系列的产权关系和产权使用规则结合而成,其功能是使不同

---

① 段文斌:《论所有制和产权的经济学意义》,载《南开学报》1996 年第 3 期,第45—49 页。

的经济行为主体的产权产生满足其要求的效果"①。（2）有观点从资源的稀缺性出发，认为因为资源存在稀缺性，因此对于资源必须进行合理配置，而决定资源生产、使用和交易关系的基本制度是产权制度，因此，产权制度就是决定资源配置的基本制度。（3）有观点认为，产权制度是指产权主体形成、产权界定、产权经营和转让的制度。②

综合上面几种观点，作者认为产权制度是划分、界定、保护产权关系和产权使用，以实现资源最优配置的规则。该规则有正规的，如法律；非正规的，如道德规范、约定俗成的习惯等。因此，理解产权制度应该注意：（1）产权制度的内容是产权关系、产权使用，以及两者之间的结合方式。（2）产权制度内容又包括两个层次：一是对产权关系和产权使用的初始划分和界定，即产权安排，或者叫产权最先的法律框定；二是产权结构。产权结构是指产权安排的总和或集合。因为产权的初始界定和产权的结构调整，都会直接影响经济运行的方式、速度，经济主体之间的利益分配和经济行为。因此，产权是社会经济运行中用来巩固和规范一定的所有制，约束和激励经济主体的行为，处理财产所有者、占有者、支配者和使用者之间的权责利益关系，维护经济秩序的社会工具。从这个角度上来说，一方面产权制度是经济运行的根本基础，另一方面产权制度变迁对于经济的影响既重要又严肃。（3）提高产权制度的效率必须降低产权交易和产权制度的成本。降低产权交易成本的条件有两个：一是产权边界和产权主体之间的责、权、利关系在规则上必须清晰；当然，也只有产权边界在规则上清晰有界，在具体经济活动中，产权的主体以及各主体之间的责、权、利关系才能明确确定，才能使不同的产权主体将自己的财产以产权的方式通过市场选择实现有效组合，将分散的资产组织到社会化大生产中去。二是必须建立有效的

---

① 蔺栋华、张东生、李勤锋：《现代产权制度的价值刍议》，载《东岳论丛》2005 年第 2 期，第 157—160 页。

② 曹凤岐：《中国企业股份制的理论与实践》，企业管理出版社 1989 年版，第 31—32 页。

产权监督保障机制,从而使产权权益得以最终实现,使产权制度充分发挥出资源配置的作用。因为任何制度的形成都包含了一定的成本,因此对于既有产权制度的变迁不仅要论证其变迁后可能带来的成本,还必须核算制度变迁本身所需要的成本。

(三)农地产权制度的基本内涵

农村土地产权是农村土地所有权演变、发展的必然结果。根据产权相关理论,农村土地产权关系是指对农村土地形成的法律、法规上认可的行为关系。农村土地产权制度系统规范了各类性质的主体在农村土地利用方面的地位和社会经济关系;而农村土地产权分离格局则规定了在农村土地运作方面,各个权益主体所需要遵守的相关行为规范。

具体说来,农地产权的内涵表现在以下几个方面:(1)农村土地产权是一组"权利束",它的基本内容包括农村土地所有权、农村土地使用权、农村土地收益权、农村土地处分权,等等。这些农村土地产权要素能形成各种产权组合形式或产权结构。(2)农村土地产权具有可交易性。农村土地市场交易实质上就是农村土地产权的交易。(3)农村土地产权结构将对农村土地资源的配置效率形成影响。根据科斯定理,主体会选择交易费用最低、而资源配置效率又最高的农村土地产权结构。(4)农地产权具有排他性。农地产权的排他性是农地产权合理性的重要标志,并且主体所拥有的利用农村土地资源的资格和权益是可以自由转让的。(5)农村土地产权必须以法律规范的形式体现出来。农村土地产权必须以法律的形式来明确规定人们关于土地的各种权利,对这些权利的限制及违反限制应得到的惩罚。它不只是一种法律形式,而且是受法律保护的权利行为。

土地权利的设置各国差异较大。农村土地产权关系是各种农村土地使用者因为农村土地利用关系而产生的农村土地权益、责任和义务关系。农村土地产权制度的核心是农村土地所有者和农村土地使用者之间关于农村土地产权要素界定和分享的问题。农村土地所有者产权就是农村土地所有者所拥有与运作的农村土地产权。

第二节　农地制度研究的理论综述

一、马克思对农地问题的论述

马克思主义的创始人提出了若干农业经济学的基本命题,其中有大量关于土地问题的论述。如"土地是农业的基本生产资料,而且作为农业生产工具起作用。土地问题是农业经济学的基本内容。"[①]从农业经济学的范围来讨论土地问题,必然涉及两方面的内容:一是在土地的使用过程中,人与土地的关系,即人的行为对土地的自然性质的影响。二是在土地的使用过程中结成的人与人的关系,包括土地制度安排,土地级差收入和级差地租理论等。当然在农业经济学的框架内讨论的土地必然是指农用土地。

马克思认为,就某一特定的农地而言,其归属要么为私人所有,要么为公有。从历史来看,未开垦的土地必然是公有的。由于土地的稀缺性,土地必然由公有向私有转化,或者说土地必然随着人类的发展而有明确的归属。正如恩格斯所讲:"一切文明民族都是从土地公有制开始的。在已经经历了一定的原始阶段的一切民族那里,这种公有制在农业的发展进程中变成生产的桎梏。它被废除、被否定,经过了或短或长的中间阶段之后转变为私有制。"[②]因此,我们看到的从奴隶社会到资本主义社会土地都是私人所有制。与所有制相对应的就是土地的所有权,马克思讲:"土地所有权的前提是,一些人垄断一定量的土地,把它作为排斥其他一切人的、只服从自己个人意志的领域。"[③]显然马克思所讲的土地所有权是土地的私人所有权,私人垄断土地。马克思进一步分析说:"土地所有权的垄断是资本主义生产方式的历史前提,

---

① 丁泽霁:《农业经济学基本理论探索》,中国农业出版社 2002 年版,第 56 页。
② 《马克思恩格斯选集》第 3 卷,人民出版社 1972 年版,第 178 页。
③ 《马克思恩格斯全集》第 25 卷,人民出版社 1974 年版,第 695 页。

并且始终是它的基础,正像这种垄断曾是所有以前的、建立在对群众的某种剥削形式上的生产方式的历史前提和基础一样。"①

（一）马克思的土地产权理论

马克思的土地产权理论是一个科学的理论体系,它包括由土地所有权以及由其衍生出来的占有权、使用权、收益权、处分权、转让权、抵押权等组成的权能内涵理论、权能结合与分离理论、地租理论、交易商品化和配置市场化理论。②

马克思所研究的土地产权关系主要基于土地所有制与土地所有权理论,并把土地产权看作是与社会生产方式相联系的生产关系的具体表现,因此,它是一个历史范畴。"土地所有权的正当性,和一定生产方式下的一切其他所有权形式的正当性一样,要由生产方式本身具有的历史的暂时的必然性来说明,因而也要由那些由此产生的生产关系和交换关系具有的历史的暂时的必然性来说明。"③具体地说,马克思的土地产权理论主要包含以下内容:

（1）土地产权是一组权利束

马克思所定义的土地产权包括土地所有权及其所衍生出来的占有权、使用权、收益权、处分权、转让权、抵押权等权能组成的权利束。"实际的占有,从一开始就不是发生在对这些条件的想象的关系中,而是发生在对这些条件的能动的、现实的关系中,也就是实际上把这些条件变为自己的主体活动的条件。"④按照马克思的理论,占有土地的经济主体就享有土地占有权。

马克思在考察地租的表现形式时曾明确地提出"土地使用权"这一概念,并指出土地使用权是土地使用者对土地行使实际利用的权利。

---

① 《马克思恩格斯全集》第 25 卷,人民出版社 1974 年版,第 696 页。
② 洪名勇:《论马克思的土地产权理论》,载《经济学家》1998 年第 1 期,第 29—34 页。
③ 《资本论》第 3 卷,人民出版社 1975 年版,第 702 页。
④ 《马克思恩格斯全集》第 46 卷(上),人民出版社 1979 年版,第 493 页。

土地处分权是指土地所有者在事实或法律意义上安排、处分土地的权利,马克思又将其划分为最初处分权和最终处分权。以土地是否出租并收回为界,最初处分权指土地在进行生产过程之前,土地所有者有权决定将土地出租、自用或抵押的权利;最终处分权则体现于土地所有者收回已出租土地并进行再处置的权利。

"不要忘记,在通常以九十九年为期的租约期满以后,土地以及土地上的一切建筑物,以及在租佃期内通常增加一两倍以上的地租,都会从建筑投机家或他的合法继承人那里,再回到原来那个土地所有者的最后继承人手里。"①马克思的论述表明,土地租约期满后,真正行使土地处分权的是土地所有者及其合法继承者。继承者除获得所有权外,一并可以继承土地的占有权、使用权等其他相关产权权能。

土地收益权是指土地产权主体获得相应收益的权利,如土地所有者可行使所有权收取租金,土地租用者则在法定租期内获得使用经营土地所带来的利润。

（2）土地产权权能既可统一又可分离

马克思认为,土地产权权能的经济关系在不同条件和背景下既可分离,又可统一,并归纳了三种典型的产权权能统一与分离组合:一是土地所有权、占有权与使用权三权合一,土地所有者兼具支配者与使用者的身份;二是土地所有权、占有权与使用权三权分离,分属不同主体;三是土地国有基础上的三权分离,国家拥有土地所有权,私人分享土地的占有权或使用权。

（3）地租是土地所有权在经济上的实现

资本主义地租来源于剩余价值,是土地所有权在经济上的实现形式,马克思根据土地所有权所产生的不同作用将地租分为级差地租和绝对地租,并认为土地所有权对两种地租的形成意义不同。

---

① 《资本论》第3卷,人民出版社1975年版,第874页。

（4）土地产权具有商品性和配置的市场性

在商品经济条件下,马克思认为土地产权具有商品的属性,产权所有者通过行使权益,将土地作为生产条件投入生产领域,所产生的剩余价值又为产业资本家与土地产权所有者共同瓜分。土地天然具有的固定性催生土地产权作为一种商品进行交易,遵照市场规则,由供求关系决定其价格。随着商品经济进一步的发展,土地产权商品化的趋势越发明显,进而土地产权配置具有市场化特点。

（二）马克思对"土地报酬递减规律"的驳斥

关于土地肥力的讨论,马克思提出了自己独到的见解。马克思关于土地肥力的论述是驳斥"土地报酬递减规律"的观点。毫无疑问,在严格约束条件下,当农业生产技术条件保持不变或除土地之外的若干生产要素投入量不变时,土地报酬是递减的。但放开这些约束条件,该理论显然不成立。马克思说:"只要处理得当,土地就会不断改良。土地的优点是,各个连续的投资能够带来利益,而不会使以前的投资丧失作用。"[①]就土地肥力而言,包括两部分:一是土地的自然肥力;二是土地的人工肥力(人工肥力是指投入土地的劳动、科学技术和资本)。[②]坚持土地报酬递减,那么就过分地强调了土地的自然肥力,而忽视土地的人工肥力,何况自然肥力的实现程度与人工肥力紧密相关。马克思论述土地的自然肥力时说:"撇开气候等要素不说,自然肥力的差别是由表层土壤化学结构的差别,也就是由表层土壤所含植物养分的差别形成的。不过,具有相同的化学成分,并且在这个意义上具有相等的自然肥力的两块土地,在现实的有效的肥力方面还会由于这种植物养分所处的形态而不同,因为有的形态容易被同化、被直接吸收为植物养分,有的形态则不容易。因此,在自然肥力相同的各块土地上,同样的自然肥力能被利用到什么程度,一方面取决于农业化学的发展,另一方

---

① 《马克思恩格斯全集》第25卷,人民出版社1974年版,第880页。

② 毕宝德:《土地经济学》,中国人民大学出版社1998年版,第133页。

面取决于农业机械的发展。"①就人工肥力,马克思讲:"随着文明的进步,人们不得不耕种越来越坏的土地。但是,由于科学和工业的进步,这种较坏的土地和从前的好的土地比较起来,是相对地好的。"②同样恩格斯在驳斥马尔萨斯对土地肥力递减的解释时,强调了科学在提高土地肥力的重要性。可见土地肥力的递增还是递减完全取决于土地以外要素的投入状况,如果对土地的使用和保护不当,必然造成土地肥力递减。我们更应该清楚地意识到,驳斥土地肥力递减,并不否定单位土地肥力的极限,主要想引起人们对土地养护的重视,建立合理的农地用养制度,保持农地的自然肥力,从而增加一个国家或地区的粮食安全。

(三)马克思的地租理论

马克思认为地租是"土地所有者凭借土地所有权而取得的不劳而获的收入,是土地所有权在经济上的实现。在土地私有制的情况下,一切地租都是劳动者剩余劳动的产物,被土地所有者无偿的占有。在不同社会形态下,地租的性质、内容和体现的社会关系不同"③。地租本质上是一种社会关系,一种土地经济关系的体现。封建社会的劳役地租、实物地租、货币地租体现着封建地主占有或剥削农民的全部剩余劳动或剩余产品,甚至部分必要产品。资本主义地租体现着土地所有者和租地资本家共同剥削雇用工人的生产关系。正如马克思所言:"不论地租有什么独特的形式,它的一切类型有一个共同点:地租的占有是土地所有权借以实现的经济形式。"④同时马克思讲:"地租来自社会,而不是来自土壤。"⑤批判了资产阶级经济学家提出的地租是"自然对人类的赐予"的错误观点。马克思主义的地租理论包括绝对地租、级差地租和垄断地租。

---

① 《马克思恩格斯全集》第25卷,人民出版社1974年版,第733页。
② 《马克思恩格斯全集》第27卷,人民出版社1974年版,第176页。
③ 厉以宁:《市场经济大辞典》,新华出版社1993年版,第224页。
④ 《马克思恩格斯全集》第25卷,人民出版社1974年版,第714页。
⑤ 《马克思恩格斯全集》第4卷,人民出版社1974年版,第190页。

1.绝对地租

绝对地租是"土地所有者凭借土地私有权的垄断而取得的地租。是农业劳动者所创造的农产品价值超过生产价格的余额。"①产生绝对地租的原因如下:(1)地租是土地所有权的实现,租种任何等级的土地都要交纳地租。如果"租地农场主不支付地租……意味着土地所有权的取消,土地所有权的废除。……即使不是法律上的废除,也是事实上的废除。"②(2)地租是农产品的价值超过农产品生产价格的差额。由于"农产品的价值只有在这个前提(农业部门的资本有机构成低于非农业部门——作者注)下才可能高于它们的生产价格;也就是说,农业上一定量的资本,同有社会平均构成的同等数量的资本相比,会产生较多的剩余价值。"③(3)土地所有权的私人垄断,限制了资本自由转入农业部门,即使农业部门与非农业部门的剩余价值率相同,农业资本也能带来更多的剩余价值。马克思指出:"因为有农地所有权的垄断。……在这种情况下,产品价格昂贵不是地租的原因,相反地,地租倒是产品价格昂贵的原因。"④

2.级差地租

级差地租是经营较优土地所获得的超额利润,转归土地所有者占有的租金。它包括级差地租Ⅰ(由土地肥沃程度不同或位置不同所引起的超额利润)和级差地租Ⅱ(对同一块土地连续追加投资,由于劳动生产率不同所引起的超额利润)。其实级差地租在资本主义和社会主义条件下都存在。正如马克思所讲:"凡是有地租存在的地方,都有级差地租,而且这种级差地租都遵循着和农业级差地租相同的规律。凡是自然力能被垄断并保证使用它的产业家得到超额利润的地方(不论

① 厉以宁:《市场经济大辞典》,新华出版社1993年版,第225页。
② 《马克思恩格斯全集》第25卷,人民出版社1974年版,第846页。
③ 《马克思恩格斯全集》第25卷,人民出版社1974年版,第857页。
④ 《马克思恩格斯全集》第25卷,人民出版社1974年版,第860页。

是瀑布,是富饶的矿山,是盛产鱼类的水域,还是位置有利的建筑地段),那些因对一部分土地享有权利而成为这种自然物所有者的人,就会以地租形式,从执行职能的资本家那里把这种超额利润夺走。"①马克思虽将级差地租分为级差地租Ⅰ和级差地租Ⅱ,但二者"实质上终究只是投在土地上的等量资本所具有的不同生产率的结果。"②同时,"级差地租Ⅰ虽然是级差地租Ⅱ的基础,但它们同时还会互为界限"③,当然两者之间是有本质的区别的。

3.垄断地租

垄断地租是资本主义地租的一种特殊形式,即从特别有利的土地上生产的商品的垄断价格超过其价值的差额。垄断地租只存在于少量具有特殊自然条件的土地上,它是由独特的地理位置决定的。

(四)马克思农地理论的启示意义与借鉴价值

马克思的农地理论对于我国的农村土地制度改革具有较强的理论启示意义:(1)家庭联产承包责任制通过分离土地所有权与经营权,赋予了土地承包者应有的产权与收益,并激励其长期积极从事农业生产。(2)根据马克思对绝对地租与相对地租产生原因的论述,在土地集体所有制下,受土地的数量、质量与区位差异等因素影响,对不同集体组织所有土地投入同等劳动,所得收益仍有不同。(3)我国农村经济的发展催生农地商品化、市场化的趋势日益明显,通过完善农村土地使用权流转机制、提高土地利用率与收益率的要求也日益迫切。

根据马克思的土地产权理论分析,我国现行的农村土地产权体系还很不完善,所有权主体模糊、产权权能残缺、产权流转制度不明等弊端已导致土地产权市场运转效率低下,完善现有土地产权制度的任务迫在眉睫。对此后文都将进行详细的论述。

---

① 《马克思恩格斯全集》第25卷,人民出版社1974年版,第871页。
② 《马克思恩格斯全集》第25卷,人民出版社1974年版,第759页。
③ 《马克思恩格斯全集》第25卷,人民出版社1974年版,第831页。

二、西方学者对农地问题的研究

（一）西方学者关于土地改革的研究

由国家进行土地财产所有权的再分配，是贫困农业国家的一个关键问题，土地既是主要的生产性资产，也是大多数人口维持生存和积累的基础，因此，土地所有权就成了社会结构和政治权利的基础。现代土地改革的理论来自于两方面，一方面是对先前的土地所有权结构和生产关系的认识；另一方面是有意或无意建立起来的新模式。两种土地制度间的转变一般包括这样两个中心要素：稳定农民和重新确定农业在国家发展模式中的地位。

第二次世界大战后，在实行资本主义（或混合）经济的国家中，兴起了重新分配土地的热情。这种土地改革的生产力可以从土改受益者本身和城市粮食供给两方面加以考虑。改革原因可以认为是粮食产量的停滞、土地使用不充分、农村劳动力就业不足这样一些愈益明显的客观事实。对这一问题讨论的观点可以分为两派：一是以巴勒克拉夫和多尔纳为代表的结构主义，它强调需要更迅速地增加粮食产量以支撑日益增长的城市工薪阶层，强调"传统"地主的大量地产使用不充分、强调进口替代时期新生工业内部市场的缺乏、强调需要创造更多的就业机会以阻止农村人口向城市迁移；二是以舒尔茨、格里芬等为代表的微观经济学的新古典看法，它强调劳动密集型的小农使用土地时所产生的极高效率，强调农民没有获得信贷和不进行投入，而之所以造成这种情况，则要归咎于使资本密集（或土地密集）的地主能控制市场的土地所有权结构。该派认为，劳动力就业不足和缺少资本的情况下，可以通过重新分配土地产权使市场要素自由化，从而增加产量的办法来予以补救。

戈斯指出亚洲和中东的土地改革解放了农民，提高了农民的收入，但没有改变生产制度，并在改革后减少了市场剩余。与此同时，通过建立生产者合作社以鼓励达到公平的现代化的努力则受到了市场力量的破坏，导致了两极分化，同时由于国家对富裕农场主积累的支持加剧了这种分化,这样最终形成了资本主义农场主和无地无产者两极分化的格局。戈斯指出这种两极分化可能提高了生产效率,但持续的城市粮食短缺和狭小的国内市场则违背了结构主义理论主张的愿望,迟缓的生产增长和持续的就业不足又违背了新古典学派的愿望。他进一步指出,这种消灭地主的土地改革的后果,比早期资本主义最终剥夺农村穷人还要严重。

西方学者还讨论了社会主义国家的土地改革。(1)土地改革是革命后的社会主义国家最先采取的行动之一(韦德金,1982 年);(2)土地国有化和作为社会主义建设必要步骤的最终集体化的看法是普遍一致(塞思,1985 年);(3)在不涉及土地所有权改革的各种各样社会主义农业"解放"形式的"第三次土地改革",可以看作农业的"重新农民化"(塞思,1985 年)。分析后的结论是:现代土地改革在其最初阶段"解放了"农民,从而也就合乎逻辑地加强了农民经济。资本主义和社会主义土地改革的不同,在于实施集体化的程度和获取剩余地范围的不同,继后的发展则取决于包括农业在内的国家的积累模式。农地制度安排的关键因素并非土地所有权形式本身,而是土地所产生的经济剩余的使用;保留经济剩余促进了农业资本主义的发展,剥夺经济剩余则会引起农民的反抗。①

从西方经济学家对土地改革的论述来看,就土(农)地的制度安排,关键在于以下几个问题的处理:(1)保证土地的农业用途,从而提高粮食市场剩余;(2)保留和增加农业经济剩余,从而提高农民从事农业生产的积极性;(3)在充分发挥农地生产要素功能的同时,还要兼顾农地的其他功能,在我国应尤为如此。

(二)西方学者关于工业化、城市化与农地流动的研究

工业化和城市化是一个包括土地在内的生产要素的集聚过程,工业化和城市化进程必然伴随大量的农用土地向非农用土地流转,在流

---

① 《新帕尔格雷夫经济学大辞典》,经济科学出版社 1987 年版,第 125—130 页。

转过程中原来农村土地的资源属性、产权属性和资产属性等发生不同程度的改变,这种改变的程度与每一个国家的市场化进程息息相关。

1. 关于工业化、城市化与农地需求的研究

关于工业化和城市化对农村土地需求的机理研究方面,国内外学者研究得出了工业化、城市化的各个不同发展阶段对农村土地的流转速度和流转量产生了不同影响的结论。根据诺瑟姆的研究结果推论,在工业化和城市化条件下,对农村土地需求的增长轨迹呈"S"形曲线运动。即在工业化和城市化初期,工业化和城市化对农村土地的需求增长较为缓慢;当城市人口的比例超过一定的限度时,人们对土地的需求就逐渐加大;当城市人口比重超过某一限值后,人们对农村土地的需求就出现急剧增加。在这一阶段,城市化进程将出现停滞或略有下降的趋势,此时的工业化和城市化对农村土地的需求也出现一定的减缓和向网络化方向发展的趋势。诺瑟姆以实证研究的手段描述了传统工业化和城市化对农村土地需求的机理。20 世纪 90 年代以来,尤其是美国出现的知识经济呈现边际收益递增等现象使社会和经济发展的内生因素发生了变革,上述传统对土地需求的机理能否进一步证明 21 世纪新型工业化基础上的城市(城镇)化与农村土地的需求关系,还有待于我们深入地探讨。

2. 关于工业化、城市化与土地征用制度的研究

在工业化和城市化进程中对土地征用制度的研究方面,国内外的理论研究和实践已经取得了巨大的成就。从国外的研究成果来看,那种认为土地仅是一种商品或私有财产的观念正向土地兼有公共利益的自然资源观念转变。政府通过对土地利用实行计划管理,约束私人决策的选择范围,以控制土地利用;通过实施财政诱导、市场干预等措施来支持和鼓励某些利用土地的形式。[①] 目前,世界各国和地区基本都

①　乔志敏:《现代资本主义国家对土地利用的干预》,载《外国经济与管理》1996年第 7 期,第 7—9 页。

建立了相应的土地征用制度,把对土地的征用制度建立提高到了政府重要的议事日程和法律法规的高度。如美国法学上把土地征用称为"最高土地权"的行使;英国法律中称为"强制收买";法国和德国的法律中称为"征收";日本法律称之为"土地收用";我国香港地区称之为"官地回收"。反观我国,虽然国家对在以工业化为基础的城市(城镇)化方面制定了一些法律法规,但是,各地在执行这些法规和政策的时候出现了较大的偏差,因而对农村土地流失中的农民权益问题采取了"机动对策",造成了目前大量的涉及社会稳定的一系列问题。所以,借鉴国外的研究成果,结合我国土地征用制度的实际现状,从理论高度对其进行提升研究是非常有必要的,至少可以得到一些解决失地农民权益保障的合理化建议。

3. 关于土地利用制度的研究

研究工业化和城市化进程中土地利用制度的学者主要来自于城市经济学、法律经济学、公共经济学、地理经济学和政治经济学等领域。Brueckner,Jank 认为,土地利用制度主要包含以下三层含义:一是政府政策上制定安排城市土地的利用方式、控制城市特定区域土地的利用强度等;二是政府并非土地利用政策的独裁者,城市土地消费者、土地开发商与政府政策制定者三方博弈,共同作用于土地利用政策的制定;三是围绕土地利用制度的制定进行研究,包括实证研究和规范研究两个方面,实证研究注重于土地利用政策所产生的实施效果及影响,规范研究注重通过制度安排等机制来解决城市土地利用过程中所存在的各种问题。

尽管城市土地利用的研究本身并不属于农地理论研究的范畴,但是由于我国特殊的土地产权制度和我国目前尚处转型期的事实,在土地利用的制度上还存在大量的"短视"行为,尤其是地方政府在土地利用政策和法规方面的随意性,导致我国农村土地在工业化和城镇化进程中存在不规范运行,进而使得我国"三农"问题日益突出。同时在我国的土地利用制度中,由于农民这种特殊利益群体的介入,使得我国土地利用制度在多方博弈中很难达到"纳什均衡",这就需要我们进一步从理论上考察我国土地利用制度形成过程中的各种利益关系。对此方面的研究国内学者还很少涉及,而国外学者在此方面已经取得了大量的成果,国外相关的土地利用制度值得我们进一步借鉴。

三、国内理论界关于农地制度研究的主要成果

农地制度变革始终是启动农村改革的支点。1949 年以来,我国农村土地制度发生了三次大的变迁或三次重大改革:(1)1949—1953 年春,农村土地改革;(2)1953—1958 年,互助合作及一系列人民公社运动;(3)20 世纪 70 年代末至今,家庭联产承包责任制。改革开放以来,我国逐步形成了家庭联产承包责任制这一农地制度,并一直作为我国农村土地制度的主流。农地制度的历史变迁,决定了我国理论界对农地制度的研究主要集中在以下两个方面:一是对我国农地制度改革的经验和教训进行全面而深入的总结;二是进一步提出我国农地改革的新思路。基于此,农地制度创新就成了理论界关注的热点和重点。

(一)有关农地所有制创新的主要观点

农地所有制是农地制度创新的基础。学者们较为一致地认为,我国的农地所有制存在缺陷,主要表现在以下几个方面:农村土地所有权产权主体缺位;关系不明;权能残缺、结构不合理。不仅如此,所有权变更的途径只有征地这一种方式,而征地制度更一直为理论研究者所诟病,认为其中存在地权歧视,政府滥用征地权,农村集体经济组织利益受损等问题。理论界围绕农地所有权制度创新展开了深入的探讨,形成了以下几派主要观点:

1. 私有化观点

该观点认为,目前农村实行土地集体所有制基础上的家庭承包经营责任制,要想解决人民公社制度遗留下来的土地产权模糊问题与市场经济发展要求之间存在的矛盾,只有通过彻底的土地私有化改革才

能得到解决。① 理论依据包括生产力标准理论与马克思个人所有制理论。土地私有制有两种类型：一种是少数人"私有制"；另一种是"人人皆有的私有制"。公有制也有两种类型：一种是"无所有"的公有制；另一种是"社会个人所有制"。马克思所批判的是第一种私有制，所提倡的是第二种公有制。这派观点分为两种：一种为"回归论"，要求将包括土地的所有权、占有权、使用权、收益权和处置权等在内的完整的土地权利束全部归还给农民，最大限度地实现社会公众利益；另一种为"凸显论"，土地产权应凸显那些作为村集体成员应得的土地所有权。

这一类观点提出的土地私有化改革的基本思路包括以下几类具体主张：第一种主张，从现有承包土地中划出一部分归农户直接经营，作为维持温饱的口粮田，另一部分耕地作价出卖给农民所有；第二种主张，将集体所有的土地所有权分割为地底权和地面权两部分，地底权归集体所有，地面权则以一定的土地价格转归农民个体所有。

作者认为，土地私有化改革思路从调动农民生产积极性来说具有积极意义。但是，土地私有化存在许多无法克服的矛盾，主要有生产力与生产关系两个方面的矛盾：首先，从生产力方面来看，随着农村经济的发展，非农产业将日益加速发展，土地私有化会把农民禁锢在小块土地上，阻碍土地的流动与集中，势必影响农业的规模化、现代化和企业化经营，从根本上阻碍农业现代化，阻碍农业生产力的大发展。其次，从生产关系方面来看，土地私有化必然引发农村阶级关系的剧烈变化，必然导致农民的两极分化。因此，我国广大农民很难接受土地私有制。从实践上看，土地私有制也难以解决我国经济发展和社会稳定问题。在人多地少的我国，土地既是农民从事农业劳动的基本生产资料，又是农民基本的生存保障。对大多数农民，尤其是贫困地区的农民而言，一

---

① 徐智环：《产权、决策权与农地产权制度的变革》，载《税务与经济》2006 年第 3 期，第 22—25 页。

旦失去了土地,就等于断了他们的生活来源。① 最后,私有化的实施本身也是有条件的,仅仅从实施起点或标准来讲,土地私有化就几乎没有操作的可能:土地是以 1949 年、1957 年、1978 年为起点,还是根据现状来平分? 长期(比如 30 年甚至更长)在异地生存的农民应分得何处的土地? 以什么标准确定已成为城市居民的人放弃他原来的地权? 与土地有关的集体资产如何量化和平分?②

2. 国有化观点

该观点认为土地国有化可以从深层次上理顺农地经济关系和化解因土地而发生的错综复杂的矛盾和纠纷。其理论依据在于:第一,鉴于土地资源的特殊重要性及其在我国的极度稀缺性,实行土地国有,能从根本上解决土地管理混乱、土地资源浪费和土地资源破坏等问题,提高国家对土地资源的管理效能。第二,尽管宪法规定农村土地归集体所有,但实际上土地的处置权及大部分收益权都掌握在国家手里,因此,应取消名不符实的"集体所有制"的法律条文,以便理顺土地产权关系和促进农村土地资源的优化配置。该观点认为,实施国有化,首先可以改变"三级所有、队为基础"的现状,避免因法规所造成的土地产权主体重叠以及由此产生的土地产权关系混乱问题;其次有利于土地资源的开发和保护,有利于国土综合整治、合理开发利用的统一规划和跨区流动,有效遏制乱占耕地的趋势;最后有利于彻底克服均田分包模式所形成的弊端,为土地的企业化、规模化、现代化经营创造条件,以便更好地形成农业积累机制。

土地国有化的主张者提出了以下改革的基本思路:第一,明确土地所有权归国家,把原来属于集体的土地收归国有的同时,留出一部分土地无偿分给农民作为口粮田,口粮田的产权归农户所有,允许出租、出

---

① 王琢、许滨:《中国农村土地产权制度论》,经济管理出版社 1996 年版,第 200—203 页。

② 孙津:《解放土地:公共所有与股份合作》,载《当代世界与社会主义》2004 年第 6 期,第 109—113 页。

卖、转让、继承。第二,建立国家土地所有权管理机构——国家农村土地管理局。土地管理局分为中央、省、县、乡四级机构。第三,关于完善土地国有化基础上的土地经营制度,主要有三种观点:实行国有租赁制;实行国有永佃制;实行土地国有化基础上的个人土地占有制。

这种改革思路同样存在缺陷。首先,我国多数地区农业劳动力向非农产业转移的速度并不快,在这种经济条件下实行土地国有化,难以实现土地大规模的集中统一经营。其次,实行土地国有化,就是从土地产权上架空我国农村集体经济,这是对我国农村社会主义合作经济的全面否定。再次,实行土地国有化,国家不得不面对上亿农户,按市场竞争机制出租土地,制度运行费用过高。最后,土地国有化意味着国家将负担数亿农民的就业等问题,政府将陷入极其被动的处境。土地国有化的改革思路,在农村生产关系问题上,不符合社会主义初级阶段的改革方向。[1] 如果实现国有化,如何调节农民或土地使用者经营土地的利益约束和动力机制,如何真正实现国家所有权和农民经营权的有效分离,这些问题都是不能回避的。[2]

3.多主体所有论

我国农地所有权主体应由多种所有权主体复合而成,其中包括以下三种类型:(1)"两权分离",国家拥有法律意义上的农地所有权,农民拥有经济意义上的农地所有权;(2)"双重所有",国家对农地拥有终极所有权,集体名义下的农户共有农地初始所有权;(3)"多元所有",国家、集体与农民个人共享农地所有权。

作者认为,这种观点最大的问题在于难以明确界定权限,在同一个客体上设置多种类型的所有权主体,违背一物一主的基本原则,违背现

---

　　① 王琢、许滨:《中国农村土地产权制度论》,经济管理出版社 1996 年版,第 190—199 页。

　　② 王安岭:《中国农村土地市场发展与改革创新》,载《现代经济探讨》2002 年第 7 期,第 28—31 页。

代产权制度的基本要求,这是一种形而上的理论演绎,不具备现实可操作性。

4.集体所有论

部分学者主张尊重历史、尊重现实,在现有制度框架下进行一定的改良,完善土地集体所有制。制度重建的重点是完善两权分离制度,而不是改变土地所有制;主要目的是进行坚持和完善联产承包责任制,改革的目标是土地公有、双层经营。这一主张在政策操作层面最易被接受,但是有研究者认为,集体所有从未在我国历史上存在过,它完全是从苏联照搬,且不具有任何可操作性,因此,实行起来必然变味。

5.弱化所有权论

该观点主张弱化农地所有权主体,强化承包权。这种改革思路主张再造所有权主体和经营权主体,为培育土地市场奠定制度基础。该观点认为,承包制是经营权与所有权不完全的短期的分离,这种分离会随着市场条件的成熟过渡到比较完全的长期的分离,因此,在一个相当长的时期,不必去考虑私有化和国有化。从目前看,弱化所有权、强化使用权的制度正处在创新中,"土地股份制"较有代表性,该论点认为土地应视为价值资产与实体资产两方面,土地所有权更应三分为股权、经营权与使用权,在股份制与土地经营租佃制相结合的双重产权结构背景下,农民享有农地股权,集体组织享有土地经营权,租佃农户和其他经济组织则享有土地使用权。

但是,这种模式同样也受到来自各方面的质疑,主要集中在以下几个方面:第一,土地股份制改革是否改变了土地的集体所有制性质,因为"公"与"私"的争辩是任何一项制度改革都不可能避免的问题;第二,土地股份合作组织的企业性质究竟是什么,由于它的"不规范"性,部分理论研究者认为,它只能是一种过渡形式;第三,虽然多数理论研究者认可股份制改革对于提高土地配置效率、发展现代农业生产方式的积极意义,但也有研究者认为,这一制度将农民变成了依附于土地的"食利阶层"。从根本上说,弱化所有权的改革思路,只是将所有权问题的解决时间向后推迟而已,农地制度改革归根结底还是不能回避所有权问题。

(二)有关农地承包经营权性质以及创新的主要观点

研究者们较为一致地认为,当前的农地使用权存在缺陷,主要表现在以下几个方面:土地承包关系不稳定,频繁调整;家庭经营自主权不落实;土地使用权不能商品化,土地市场发育滞后,缺乏规范的土地使用权市场①;农村土地承包经营权或土地使用权的转让难以合法地进行。这其中,农地承包经营权的法律性质是研究的重点,学者们围绕农地承包权展开了大量讨论,从而形成了以下四种主要观点。

第一种观点为"物权说"。按照《民法通则》第五章"民事权利"第一节的有关规定,土地承包权符合"财产所有权与财产所有权有关的财产权"所直接规定的权利,学术界通常认为《民法通则》第五章第一节对物权制度作了明确规定;在法律和合同范围内承包人对所承包的土地享有直接控制、利用的权利;并且土地承包权具有长期稳定性,具有对抗第三人的效力,因此属于物权范畴。

第二种观点为"债权说"。承包经营本质是一种联系产量进行承包的合同关系,它仅仅发生在发包人与承包人之间,基于联产承包合同产生的农地承包经营权,其内容由合同确立,因此承包经营权不具有对抗第三人的效力,属于债权性质。债权说有利于对承包土地的调整,而变为物权关系会过于死板。

第三种观点为"物权兼债权说"。土地承包经营权具有一定的物权性,因为承包经营合同具有债权债务关系,具有债权特征。

第四种观点为"债权兼物权说"。土地承包经营权的性质兼具债权与物权性质。在实行土地家庭承包制初期,承包经营权具有明显的债权性质。随着农村改革的深化,土地承包经营权的指向性和长期性,

① 洪名勇:《农地产权制度存在的问题及产权制度创新》,载《内蒙古财经学院学报》2001 年第 2 期,第 1—6 页。

又使其具有物权特征。

（三）农地制度创新的相关研究

综合前述各种观点，可以梳理出以下几条农地制度创新的思路：

1. 路径依赖的思路。学界普遍认为，农村土地制度创新的前提是坚持土地集体所有性质不变，以家庭承包经营为基础、统分结合的双层经营体制不变，农地制度创新的路径选择是坚持和进一步完善现存农地制度安排。当然，也有学者认为农地制度创新可另辟蹊径。

2. 路径突破的思路。上述"弱化所有权"、"农地国有"、"农地私有"等观点都多少体现了路径突破的思路。

3. 事实依赖的思路。这种思路认为：我国社会主义基本经济制度、农村特有的人地关系、农民的传统观点与经济行为、社会制度创新环境的缺陷构成了当前农地制度创新的现实约束条件，它们都有可能弱化农地制度创新的动力和效果，因此农地制度创新需要依赖和服从这些现实约束条件。

4. "兼顾效率与公平"的思路。如何创新农地制度既要考虑历史的延续性，又要考虑超前性，还要考虑社会、经济、政治、文化条件的现实性，努力做到兼顾效率和公平。[①]

第三节　典型国家农地制度变迁的比较考察

我国是以 8 亿左右的农民为最大社会群体的农业大国，农村稳定则社会稳定，而土地关系稳定农村才稳定。这一国情就决定了我国农村土地制度改革的紧迫性。通过对日本、美国、印度等国家的土地产权制度、土地经营制度等土地制度进行分析，可以得出有利于我国农村土地制度改革的若干启示。

---

① 参见刘秀清、马德富：《启动农村改革的支点——农地制度创新研究综述》，载《西藏民族学院学报》（哲学社会科学版）2004 年第 3 期，第 73—76、80 页。

一、日本农地制度的变迁与启示

（一）日本农地制度的改革历程

"明治维新"后,日本逐步借鉴了资本主义发展模式,但在农业生产领域仍存在着明显的封建主义生产关系。战后日本农地制度主要经历了这样三个变革阶段:首先,政府强制废除封建半封建土地所有制,还地于民,将农地所有权和使用权同时赋予农户,达到"耕者有其田"的目的。其次,促进农地规模生产经营,提高农地利用效率。通过放宽土地所有权流转限制,鼓励土地转让与集中,扩大单位农户土地拥有量和提高土地生产率。再次,为进一步扩大土地的经营规模,政府进一步鼓励农地所有权和使用权的分离,鼓励农户由小规模家庭占用生产模式转换为企业化协作生产经营。通过以上三个阶段循序渐进的变革,日本形成了以农地私有为主,小规模、合作化经营的农地体制。①

（二）日本农地制度改革对我国的启示意义

我国农业与日本农业相比,虽有诸多差异,但在生产组织上也有诸多相似之处,如人多地少、经营分散、规模狭小等。因此,日本经验具有可借鉴性。首先,政府应当发挥积极作用,包括:通过行政、立法等手段规范农地经营和流转的法制环境和市场环境,并提供适当的财政补贴。其次,重视和培育农业合作组织等农地流转中介机构。再次,高度重视农民素质的提高,注重农民维权意识的培养和市场经济知识的普及。最后,农地经营权的流转必须依靠市场机制,建立在自愿的基础上,政府要做好服务,依法规范规模经营是一个长期发展的过程,日本六七十年代试图通过政府提供优惠贷款帮助农户购买土地扩大经营规模受挫,就是一个很好的例证。②

---

① 韩鹏、许惠渊:《日本农地制度的变迁及其启示》,载《世界农业》2002年第12期,第14—15页。

② 韩鹏、许惠渊:《日本农地制度的变迁及其启示》,载《世界农业》2002年第12期,第14—15页。

二、美国农地制度的变迁与启示

由于对土地制度的不断革新和改良,使美国农业保持了持续的良好发展态势。

（一）美国农地制度的主要内容

美国大部分土地为私人企业和个人所占有,以私有和国有两种基本形式为主,并伴着国有比重不断下降,私有比重持续上升的发展过程。国有土地也是租赁给私人(或法人)经营,私有土地则往往自营。经过长期的改革和发展,美国农业已实现产业化和农—工—商或产—供—销一条龙的创新。

家庭农场是美国农村土地经营制度运行的主要载体,它具有鲜明的特点:第一,农场主、联邦和州政府共同享有土地所有权,其中,土地使用权彻底归农场主所有,而联邦和州政府则拥有土地征用权、土地管理的规划权以及足额征收土地税的权利;第二,农场主所行使的土地使用权具有绝对的产权保障,无论出于何种目的,政府不得任意私自征用农场主土地,不得妨碍、侵犯农场主在土地转让、租赁、抵押、继承等各方面的权利;第三,农户与农场主可通过非政府组织——农场局维护、声张自己的权利,作为全国范围内农民的联合代表机构,农场局在一定程度上左右着政府政策制定倾向。①

（二）美国的农地保护政策

美国联邦政府、州及地方政府在其城市化发展的不同阶段制定或调整了一系列农地保护政策,主要包括:第一,区划政策,作为美国采用最早、最广泛,也是最普遍的政策工具。区划政策将土地利用注入了城市化因素加以控制,而且它的权力最高。第二,税收偏好政策,通过制定税收标准降低农地利用成本、提高农地利用效率,尽可能地增加土地农用率。但在实际操作过程中税收偏好政策并未达到理想效果。第

---

① 李竹转:《美国农地制度对我国农地制度改革的启示》,载《生产力研究》2003年第2期,第181—182页。

三,农场立法政策,通过相关政策的制定,禁止居民私自占地,滥用农地。但这一政策并非针对缓解农地过度流转所设,因此在限制土地用途,保护地区农地存量上作用有限。第四,土地征用政策,州政府允许通过征用获得各种项目土地的开发权,但在实际操作中,存在许多不确定因素导致征地行为并非公正、公平,另外,征地管理成本也为各州政府带来相应负担。第五,可转移土地发展权系统,该政策为土地使用权受限制的土地所有者提供变通之道,通过拍卖手中的土地发展权给那些土地使用不受限制的人提供土地开发的权力,这一政策实施可操作性强,成本低,在现实生活中较为广泛采用。除了通过制定完善的法律制度体系保护农地,美国政府还注重成立专门机构定期监测土地质量、利用状态,对其进行及时的评估、通报,适时编制土地保护文件加强土地保护。①

（三）美国农地制度对我国的借鉴意义

美国农地制度对我国农地制度改革的借鉴意义主要体现在以下几个方面:首先,家庭经营可以成为农村土地经营制度运行的主要形式。农地家庭经营可容纳的农业技术空间很大,既可适应人力和畜力为主要劳动手段的低生产力水平,又可适应机械化、水利化甚至自动化技术为主的高生产力水平,因此我国目前实行的家庭联产承包责任制还可容纳更高水平的农业劳动生产力。其次,必须培育类似"农会"的农民自治组织,以切实维护农民权益。再次,农地经营权和所有权一样,都是不可忽视的农地权益,因此,在维护农地公有制的同时,要维护农民对农地的使用权——承包经营权,不仅50年不变,甚至应该更长时间不变。最后,政府对农业的扶持是农业发展不可或缺的基本条件。

三、印度农地制度的变迁与启示

（一）印度农地制度的变迁

印度在独立之前,土地关系具有三大方面的特点:一是地主制,地主一般拥有大量土地,但不参加任何农地经营,过着寄生性生活;二是土地所有权集中度高;三是苛刻和高额的地租使佃农难有扩大农业生产的可能性,抑制了农业经济的发展。为改变这种状况,尼赫鲁政府把农地制度改革提高到了战略高度,印度"二五计划"明确了农地改革目标:一是要消除妨碍农业发展的一切因素;二是要创造条件,促进农业高效高产,从而建立一个符合印度农业发展要求的农地制度。其具体措施是:废除封建地主制、规范租佃制、使耕者有其田。20世纪60年代,印度的"绿色革命"运动更是促使了农业规模化经营和新型农业技术的应用及推广,极大的促进了印度农业生产的发展。

（二）印度的农地管理与保护制度

在印度联邦制度下,土地归邦管辖,农业与合作部的国家土地利用与保护局(NLCB)是负责健全国家土地资源科学管理,制定政策规划、协调和监督机构。印度于70年代建立了邦土地利用局,1985—1986年设立了由总理直接领导的国家土地资源保护与荒地开发委员会,后改组为中央土地利用委员会,下设国家土地利用与保护局和国家荒地开发局。邦政府致力于土地调查和土地清理,保存了包括土地利用在内的详细的乡村记录。全国基本上建立了用于调查和清理的正式报告制度。政府还计划建立一个详细的地理信息系统。[1] 在农地保护方面,印度农业研究委员会下属的国家土壤勘查和土地利用规划局在班加罗尔等地设有六个地区中心,负责全印度土壤资源详细调查,并建设大型资源库,供制订土壤资源管理和土地使用计划时参考。农业保护的原则是因地制宜的对土地进行利用。印度农业研究委员会通过分布于全国的研究机构,制订土地使用计划和提高农业生产率的策略。国

---

[1]　付庆云:《印度的土地管理》,载《国土资源情报》2001年第1期,第55—56页。

家土壤勘查和土地利用规划局与其他土壤勘查组织合作开展土地资源普查,以便对土地进行划分,并制定持续提高土地生产率和土地效率的措施。①

四、世界各国农地制度发展对我国的借鉴意义

社会主义新农村建设是农村经济、社会全面发展的系统工程,其中农地产权制度是基础。在建设社会主义新农村、构建和谐社会的今天,考察各国农地制度的内容,分析其利弊得失,从中找出以资借鉴的经验,是理论界的使命,也是现实的需要。

(一)农地制度具有多重功能,不同时期的农地制度必须各有侧重

农地制度同时具有社会福利性保障功能、政治功能和经济功能,但历史条件不同,各功能的作用强弱也不同。从长远看,农地的社会福利性保障功能是最基本也是最重要的,在农业经济社会中,农民获取土地,在某种程度上就获得了基本生活保障。当社会制度变革时,农地制度将体现统治者意志,其政治功能将会被凸显,其经济功能也会被强化,统治者将通过对制度的运用提高农地经营的使用率与收益率。

(二)农地经营模式与农业发展、人地矛盾以及社会制度的联系

从世界范围看,农地所有制与农业发达程度相关度并不高,许多农业生产发达的国家或地区并非实行土地公有制。另一方面,农业经营组织方式与人地矛盾强弱、农业发达程度关系密切,农地经营权的完整与真实直接决定现代农地制度能否高效运行。人少地多的国家或地区农地供大于求,人地矛盾较弱,农业经营模式主要服从经济目的,农地的社会保障功能弱化;反之,在人地矛盾紧张的国家或地区,农地的社会保障功能被提上第一要务,农业经营组织方式会更倾向于人人有田,人人有粮的"均田制"。农业经营组织程度高低还与农业现代化水平

---

① 陈业渊:《印度农业发展与土地资源保护》,载《热带作物译丛》1990 年第 5 期,第 1—3 页。

密切相关,高效、发达的农业合作体系有助于加速农业现代化发展。

受农地供求关系影响,农地规模经营的发展速度在不同地区不尽相同,人少地多时,经营规模的扩张相对自然,人多地少时,受农地资源限制,经营规模不易扩大,小规模分散经营的局面一时较难打破。农地经营规模的扩张主要受以下两个因素影响:(1)农业现代化的发展及城市化的建设大量转移了农村剩余劳动力,单位农地上的劳作人口相应减少;(2)科学技术的进步及经营管理水平的提高减少了农业生产经营对劳动力的需求。传统农业向现代农业转变初期,农地市场的产权交易频繁,劳动力结构调整较大,当农业经营达到一定规模后,农地使用权和农村劳动力将趋于稳定,较少转移。

我国农地制度建设的要务在于克服分散经营、低效生产,提高劳动生产率与组织化程度,人多地少一直是制约我国农业发展的主要原因,在家庭承包经营的制度前提下如何扩大农地规模,我们可以充分借鉴他山之石。例如,可以参考日本的做法,采取农地产权制度创新,如使用权股份化推动农地向主干农户集中,由此扩大个体农户的经营规模、提高农业生产率、缩小农业收入与非农收入的差距,提升农产品的国际竞争力。① 而美国等其他国家或地区的农地经营制度同样存在可取之处,当然,在操作运用过程中,农地制度建设必须充分结合我国实际,因地制宜。

(三)农地管理必须法制化、规范化,尤其必须注重对农地使用权的保护

农业作为国民经济的基础产业,农业立法是否完善、执法是否严格是判断农业基础地位是否牢固的依据。农地制度的确定是农业法规中最基本的内容。大多数国家在母法中对农地的所有权制度做出规定。只有国家通过立法对农地制度进行完善,才能促进农地制度的发展。

---

① 张术环:《当代日本农地制度及其对中国新农村建设的启发》,载《世界农业》2007 年第 6 期,第 41—43 页。

根据我国的国情,严格保护耕地,提高耕地利用效率是土地立法的核心任务。如何既有利于保持农地经营权的相对稳定,有利于鼓励农民投资农业以增加农业产出,又有利于农地使用权有序转移,发展适度规模经营,是土地立法的难点所在。①

各发达国家都非常注重保障农地使用权,这主要表现在政府对土地征用、确定土地使用综合规划和农业产业结构调整等方面的限制。例如,在美国,联邦政府在征用土地时既要考虑州政府或私人所有者的意见,并实行按市价赔偿的原则。② 比较而言,我国农民在农地使用权利上存在较大缺失,经营期短、土地抛荒严重。因此,赋予农民稳定而有保障的土地使用权应该是我国农地产权制度改革的重要内容。所有权是最高产权,从我国的具体国情看,土地集体所有不可能在短时期内改变,这种情况下使用权的稳定,对保证农地的持续、高效的利用就至关重要。与农地管理的法制化紧密联系的另外一个问题就是农民的维权意识与维权能力。维权意识不仅在于自身权益的保护,还包括对他人权益的尊重。各发达国家农地法律的制定过程都有广泛的组织机构、利益群体参与,而且法律实施效果好。与之相比,我国差距甚大。因此,加强农民的法制观念、维权意识势在必行,最重要的是,必须创造出这样的制度环境,让农民不仅有维权意识,更有维权能力。

---

① 谢元态、张田生、李贤海:《国外农地制度的经验及借鉴》,载《中国土地》1999年第3期,第39—41页。

② 王环:《从新农村建设的角度看美国农地产权制度》,载《世界农业》2007年第7期,第6—8页。

第 三 章

我国农地制度变迁的历史过程考察

新中国成立以来,我国农地制度经历了一系列变革,从所有权来讲经历了从私有到公有的转变;从形式上讲经历了四次变革:一是土地改革,这一时期的土地改革目标是"耕者有其田",农民拥有包括土地所有权在内的完整土地产权;二是农业合作化,首先是互助组,之后形成了初级农业合作社,随后组织成立了高级农业合作社;三是人民公社;四是家庭承包制。

第一节 改革开放前的农地制度变迁

一、土地改革的完成

中国共产党领导的土地改革,如果从 1927 年大革命失败算起,到 1952 年基本结束,历时长达 25 年。这期间,不同时期土地改革的内容、重难点不同。

（一）土地改革的原因

土地问题是我国现代化进程中最尖锐也是涉及人口最多的经济问

题。所谓土地改革，就是"把土地从封建剥削者手里转移到农民手里，把封建地主的私有财产变为农民的私有财产，使农民从封建的土地关系中获得解放"。① 解决农民土地问题，是争取我国革命胜利和我国社会生产力发展的关键。因此，还地于民是新民主主义革命的主要任务，中国共产党根据不同时期的社会主要矛盾和社会矛盾的主要方面的不同采取了不同的土地政策。在 1950 年 6 月 28 日中央人民政府委员第八次会议通过的《中华人民共和国土地改革法》总则中明确指出土地改革的目的："废除地主阶级封建剥削的土地所有制，实行农民的土地所有制，借以解放农村生产力，发展农业生产，为新中国的工业化开辟道路。"

（二）新中国成立前的土地改革状况

新中国成立前的土地改革，我们可以进行以下划分：第一阶段为大革命失败到抗日战争的全面爆发（1927—1937 年），第二阶段为抗日战争时期（1937—1945 年），第三阶段为抗战胜利到中华人民共和国成立前夕（1946—1949 年）。

1. 大革命失败到抗日战争全面爆发期间的土地革命

在这个时期，又可以将土地革命分为四个阶段：第一阶段为土地革命的初步开展，时间为 1927 年革命根据地的创立到 1929 年。在这期间，共产党在"夺取中心城市"的直接目标无法实现后，开创了工农武装割据的新局面，走上了"农村包围城市"的道路，进行了土地改革的初步实践；第二阶段从 1929 年初到 1931 年秋，土地革命深入开展，革命根据地逐渐扩大发展。这期间土地革命开展得比较迅速、深入，各个根据地彻底消灭了封建剥削制度，改变了极不合理的封建土地占有关系，广大贫苦农民实现了拥有土地的愿望；第三阶段为"查田运动"。由于过"左"政策的执行，使"查田运动"的积极作用不如消极作用，以至于该运动不了了之；第四阶段为政策的调整阶段，时间为 1935 年到

---

① 《毛泽东选集》第 3 卷，人民出版社 1991 年版，第 1074 页。

抗日战争的全面爆发。总体来讲,主要改变了"富农分坏田"的政策。1937 年中共中央为了缓和国内矛盾,在老区实行了"减租减息"政策。其主要内容有两方面:其一是要地主减租减息,减轻对农民的剥削;其二是要农民向地主交租交息,保持地主的土地所有权。

2.抗日战争时期的土地改革

随着日本侵略战争的日趋猖獗,从第二次国内革命战争末开始,中国共产党以减租减息政策来"求得群众生活的改善",并放弃对地主土地进行没收的政策。减租减息政策的实施,引起抗日根据地农村社会阶级关系的重大变化,改变了农村的土地关系和阶级关系。这一政策一直执行到全面内战开始。

3.抗战胜利到中华人民共和国成立前夕的土地改革

抗战胜利后,共产党为了争取和平,在所领导的解放区内继续实行减租减息和开展反奸清算运动。为了满足农民的要求,根据《五四指示》,各个解放区开展了土地改革运动。《五四指示》考虑到用和平的方式争取国内团结,因此,在实现"耕者有其田"后,给予地主一些较宽松的政策。由于全面内战的爆发和革命形势的发展,1947 年党的全国土地会议制定了《中国土地法大纲》,宣布了"废除封建剥削土地制度,实行耕者有其田的土地制度"。但是在《中国土地法大纲》的实施过程中,极大地受到了"左"的错误思想的影响。1947 年 12 月,中国共产党在陕北米脂县柏家沟召开的中央会议上,讨论了土地改革和群众运动中的具体政策,对土地改革中出现的"左"倾错误进行纠正。中共中央并于 1948 年 2 月和 5 月发布了《老区半老区①的土地改革与整党工作》、《新解放区土地改革要点》和《1948 年的土地改革工作和整党工作》三个指示。各个区经过土地改革,广大农民的生产积极性空前提高,极大促进了农业生产的发展、农民的觉悟及组织程度大大提高,人

---

① 老区指日本投降以前的解放区;半老区指日本投降至大反攻时解放的地区;新区指解放战争进入反攻后开辟的地区。

民政权得到巩固。到 1949 年全国解放前夕,已在 1.45 亿人口地区完成了土地改革。

(三)新中国成立后的土地改革(1950—1952 年底)

1950 年 6 月,中国共产党召开了七届三中全会。会上通过了在全国范围内开展土地改革的决议。中央人民政府先后颁布了《中华人民共和国土地改革法》、《关于划分农村阶级成分的决定》和《城市郊区土地改革条例》,明确规定了土地改革的方针、路线和政策。

1949 年 9 月 29 日通过的《中国人民政治协商会议共同纲领》规定:中华人民共和国必须取消帝国主义国家在我国的一切特权,没收官僚资本归人民和国家所有,有步骤地将没收的土地均分给农民。1949 年 10 月 10 日,在中共中央华北局发布的《关于新解放区土地改革的决定》中指出:新区已无必要通过减租减息的过渡办法达到平分土地。并规定:没收地主土地及财产,没收富农多余土地及财产,留给地主、富农与农民同样的一份土地与财产。1950 年 1 月 13 日,政务院第 15 次会议通过《关于处理老解放区市郊农业土地问题的指示》。1950 年 11 月 10 日颁发了《城市郊区土地改革条例》,其基本精神以 1950 年 6 月 28 日通过《中华人民共和国土地改革法》为准,针对城市郊区土地制定了一系列政策。1950 年 3 月 10 日,政务院第 23 次会议通过《关于春耕生产的指示》,在《指示》中指出:在未实行土地改革的新区,地主仍有土地所有权,他们在依法减租后向农民收租是合法的;逃亡地主等的土地由当地人民政府代管或由原来耕种的农民耕种,不得荒废土地。毛泽东于 1950 年 3 月 12 日在《征询对待富农策略问题的意见》的电文中指出,待到几年之后再去解决半封建富农问题。1950 年 6 月 6 日至 9 日,中共七届三中全会在北京召开,在毛泽东所作的《为争取国家财政经济状况的基本好转而斗争》的书面报告中指出:土地改革的完成是获得财政经济情况根本好转的首要条件。为此,全党和全国人民必须有步骤有秩序地进行全国土地改革工作。同时,土地改革中对待富农的政策应当有所改变,即由征收富农多余土地财产的政策改为保存富农经济的政策。6 月 28 日通过了《中华人民共和国土地改革法》,并于 30 日公布施行。该法共六章四十条,同 1947 年 9 月中国共产党全国土地会议通过的《中国土地法大纲》相比,有许多变化,概括来讲,就是"三个改变"①和"四个增加"②。1950 年 10 月 21 日,《人民日报》发表社论《严厉制裁不法地主破坏土地改革的罪行》。1951 年 2 月 18 日,中共中央发出《政治局扩大会议决议要点》的党内通报,指出关于土改工作问题应积极创造条件,凡条件不成熟者,无论何时何地都不要勉强去做。3 月 18 日,中南军政委员会土地改革委员会发出《关于团结中农问题的指示》,指出土改运动要明确地、有意义地解决贫雇农与中农的关系问题。1950 年 9 月 21 日,廖鲁言著文《三年来土地改革运动的伟大胜利》指出,全国范围的土地改革运动已基本结束。

综上所述,新中国成立后的土地改革,是在认真总结过去土改经验教训的基础上有领导、有计划、有秩序、有组织进行的。"有领导"表现在:在中国共产党的统一领导下,成立了各级土地改革委员会。组织了土改工作队,要求先实验后推广,由"点"到"面"的工作方法。"有计划"表现在:根据各个新区解放时间早晚和各区经济发展的实际情况进行分期、分批、分阶段的土地改革。"有秩序"表现在:整个土地改革的过程中,从中央到地方必须建立严格的请示报告制度和审报制度。"有组织"表现在:任何地方土改以前,必须建立农民协会和人民法庭,

---

① "三个改变"是:一是将富农由征收其多余土地和财产,改为保护富农所有自耕和雇人耕种的土地及其他财产,不得侵犯。富农所有之出租的小量土地,亦予保留不动,但特殊地区,得省以上人民政府的批准,得征收其出租土地的一部分或全部(见第六条)。二是将没收地主的全部财产改为没收地主的土地耕畜、农具、多余的粮食及其在农村中多余的房屋。但地主的其他财产不予没收(见第二条)。三是将中农的土地由彻底平分改为保护中农(包括富裕中农在内)的土地及其他财产,不得侵犯(见第七条)。

② "四个增加"是:增加了对土地出租者的政策,即将小土地出租者保留土地的标准由原来的 150%,提高到 200%(见第五条);增加了对城市郊区部分土地收归国有的政策(见第十五条及第三十五条);增加了对现代农场、牧场等不予没收,但土地所有权原属于地主者,经省以上人民政府批准,收归国有(见第十九条);增加了照顾少数民族的政策,如规定清真寺所有的土地,在当地回民的同意下,得酌予保留(见第三条)。

必须有政府委派的土改工作队指导。土地改革使一种崭新的社会制度在我国产生并成为可能，解决了农民土地问题，是争取我国革命胜利和我国社会生产力发展的关键，是重新分配旧中国既有财富的最有效手段。

从制度变革的方式来看，我国土地改革中制度变迁是强制性制度和诱致性制度变迁的结果。中共"八七"会议告全党党员书中指出："要用'平民式'的革命手段来解决土地问题，让千百万农民自己自下而上的解决土地问题，而共产党则应当做一运动的领袖。"从这个意义上看，土地制度变革是最广大旧中国农民最迫切的愿望。但是土地制度变革中又涉及各阶级利益的重新分割，因此要保证这种制度变革顺利进行，只能用强大的武装去战胜敌人的武装，以斗争、战争的方式促进旧土地制度的瓦解。

二、初级社、高级社到人民公社的农地制度变迁

绝大多数无地少地的农民分得了土地的同时，还获得了一些其他的生产资料，免除了年均50亿公斤粮食的地租剥削和其他封建性剥削。广大农民积极性空前高涨，短短三年就胜利完成了恢复经济的历史任务。1952年全国农业总产值及粮、棉等主要农产品的总产量都超过了新中国成立前的历史最高水平。中国共产党在此前一直强调新民主主义社会是一个相当长的历史阶段，但是仅仅三年，当农村生产力有所发展，农民逐渐富裕起来，农村贫富差距因各种原因逐渐拉大时，中国共产党不得不重新思考这些新情况，经过党内激烈争论，最终于1953年6月15日，提出了过渡时期的总路线，意味着"新民主主义社会论"的放弃。1953年12月，中共中央发布了《关于发展农业生产合作社的决议》，明确提出了我国农业合作社的道路是：由互助组到半社会主义的初级形式的农业生产合作社，再到完全社会主义的高级形式的农业生产合作社的发展道路，指出初级农业生产合作社是"引导农民过渡到更高级的完全社会主义的农业生产合作社的适当形式"，它

"日益变成了我们领导互助合作运动继续前进的重要环节"。

（一）互助组的发展

新中国成立以后，随着土地改革的完成，虽然农民的生产积极性大大提高，土地平均化、细碎化程度也随之提高，但农民单个家庭生产的主要障碍却是生产资料（农具、牲畜）和资金的缺乏，而这些问题是"一穷二白"的政府和单个农户都无法解决的。因此，成立于战争年代解放区的农业互助合作组织便有利于克服这些困难。1951 年 9 月，在中共中央批转全国第一次互助合作会议起草的《关于农业生产互助合作的决议（草案）》中将农业生产互助组织作为我国农村走向社会主义的过渡形式，提出要注意保护农民从事家庭生产经营的积极性，这是基于对"地权农有"的充分肯定。1951 年底，参加互助组织的农户共2100.2 万户，共 467.75 万个互助组，占农户总数的 19.2%，其中有 129个初级社，1 个高级社。

1952 年 2 月 15 日，政务院作出《关于 1952 年农业生产的决定》，要求在全国范围内大量发展临时互助组，推广常年互助组，有重点地发展土地入股的农业生产合作社。同年 6 月，农业部农政司公布《1952年上半年农业互助合作运动发展情况》中统计，全国已有互助组 600余万个，农业生产合作社 3000 余个，全国组织起来的农户 3500 多户，约占全国总户数的 40%，经 1951 年增加了 40%。农民积极参加互助组和农业生产合作社，扩大了经营范围，改善了经营环境，提高了农业技术，使整个农业生产得以迅速恢复和发展。到 1952 年底，据统计，1952 年全国总农户数为 4542.3 万户，参加互助合作组织，并在当年实际投入生产和参加秋收分配的农户为 1138.3 万户，占总户数的39.95%。其中互助组为 802.6 万个，农户为 4536.4 万户，占总户数的绝大部分；初级社 3634 个，农户户数为 57188 户。高级社 10 个，总户数为 1840 户。可见初级社和高级社所占比重极低，反映出人们对初级社和高级社的热情并不高。

1953 年 2 月 15 日，中共中央正式通过《关于农业生产互助合作的决议》。这期间农业合作社得到了良好的发展,也取得较大的成绩。据 1953 年 11 月的统计,参加农业互助组织的农户虽然已经达到 4790万户,占全国农户总数的 43%,但其中绝大多数仍然是参加互助组,参加合作社的农户仅 27.3 万户,约占参加农业互助组农户的 0.57%。1953 年 12 月 16 日,中共中央通过《关于发展农业生产合作社的决议》。该决议同 1951 年 12 月所作的《关于农业生产互助合作决议》比较,表明我国农村的农业生产合作社从试办时期开始进入发展时期。

（二）初级农业合作社的发展

由于 1953 年底开始大力宣传过渡时期总路线,从而使不顾条件急于求成的"冒进"倾向在基层干部中再次滋长蔓延。到 1954 年春,合作社已经增加到 10 万个,到 1954 年秋收前,又新建 12 万个合作社,合作社的数量比 1953 年增加了 15 倍。全国再次掀起办农业合作社的高潮,并出现了诸多问题,比如,只管完成计划,办新社,不管老社的建设等。同年 11 月 25 日,中共中央提出农业合作化运动应及时转向以巩固为主。在大发展后,进行整顿巩固工作,社数和社内户数合理减少是必要的。在 1954 年第三次全国农村工作会议上,邓子恢在开幕词中指出农业合作化过程存在三方面的问题:一是对主观力量估计过高;二是政策上违反自愿互利原则;三是工作中不走群众路线。1955 年《关于农业合作社问题》的报告对邓子恢进行了严厉批评,对收缩合作社的主张进行了批判。以此为标志,我国的农业社会主义改造进入高潮。

从积极的方面分析,初级社有以下作用:(1)有利于解决互助组中难以解决的矛盾,如共同劳动与分散经营的矛盾;(2)在承认或坚持"土地私有,地权农有"的基础上实行土地统一经营,能够依据需求安排种植,进行较合理的、有计划地统一使用劳动力,可以大大地提高劳动生产率;(3)大面积、适度规模的农业生产以及局部范围的初步、简单分工有利于提高和利用新的农业生产技术,有利于增加农业基本设施的投入,有利于农田水利的兴建和改造,有利于扩大农业的再生产以及抵御自然风险;(4)初级社分工分业的推进有利于劳动时间和劳动力的节约,有利于农村副业(非粮食生产业)的发展,有利于农村经济水平的提高和资金的积累,从而增强初级合作社的经济实力,加强农民的经济地位,当然这里强调只有在承认地权私有的情况下才可能让初级合作社的财富增长转化为农民(户)的财富增长;(5)因为承认地权农有,同时又承认劳动的差异给劳动者带来的不同经济收益,因此,初级社有利于提高农民参加劳动和参与技术研发的创造性和积极性;(6)初级农业生产合作社是生产资料使用权的平等联合,在保护并尊重个体权益的基础上,有利于增强农户的组织化程度,从而更有利于个体利益的保护(即有利于保护贫农和中农的利益),也有利于加强贫农和中农的团结;(7)初级农业生产合作社是生产资料的统一安排和使用,农业生产计划性得到加强,有利于农业与国家、地区经济发展相适应。总之,初级农业生产合作社,是使用权的统一安排,而非所有权的变更。这种组织比互助组的活动范围更广,组织化程度、计划程度、生产资料的统一经营程度更高。

(三)高级农业合作社与人民公社——农民私有、集体统一经营使用的土地制度向集体所有、统一经营的土地制度变迁

1955 年 10 月 4 日,中共中央召开第七届第六次全体会议作出了《关于农业合作化问题的决议》,决议提出全国大多数地方可以在 1958 年春季以前基本上实现半社会主义的合作化。11 月 10 日,国务院发布的《农业生产合作示范章程(草案)》是我国多年来农业合作化运动的经验总结。1955 年 12 月 21 日,《征询对农业十七条的意见》指出争取 1959 年基本完成合作化的高级形式。从 1956 年开始,农业合作化运动使大批初级社向高级社发展。1956 年 1 月中共中央提出的《1956—1967 年全国农业发展纲要(草案)》指出,1956—1957 年全国农业发展纲要的任务,就是在社会主义改造和社会主义建设的基础上,给农业生产和农村工作的发展制定了一个远景目标。由一届人大三次会议通过的《高级农业生产合作社示范章程》规定,高级农业生产合作社是主要生产资料归集体所有,集体劳动,实行"各尽所能,按劳取酬"

的集体经济组织。到 1956 年 12 月 30 日,全国农村加入农业生产合作社的农户占总农户的 96.3% ,全国合作社数 75.6 万个,其中高级社54.4 万个,初级社 21.6 万个,预计要在 1957 年底完成的任务只花了一半时间。这以后,高级社不断得到巩固和进一步发展。

　　盲目推进高级社的弊端已经被理论和实践所证明。尽管如此,也必须承认,高级社在一定程度上也有某些积极的影响:高级社在发展过程中推进了较大规模的基础建设,增强了农户(农民)抵御各种自然灾害的能力;地权由农民私有转变为地权集体或全民所有,有利于国家集中有限的物力、财力、人力来集中解决国家当时面临的主要矛盾,为巩固我国新生的社会主义政权起到了不可估量的作用。同时农副产品统一调配到全国所需之处,在工业急需投入之时,通过"统购统销"政策,利用"剪刀差"积累了大量的资金,加速了我国工业化进程。但必须强调的是,所有这些都是以我国农民做出巨大牺牲为代价的。

第二节　改革开放后的农地制度变迁

一、土地家庭联产承包责任制的确立

　　新中国成立初期,中国共产党都面临着相似的问题。粉碎"四人帮"之后,中国共产党面临着如何尽快恢复国民经济的发展问题,而当时最紧迫的问题仍然是如何在最短的时间内解决国人的吃饭问题。无疑,只有满足农民的要求,尊重农民意愿,最大限度地调动广大农民的劳动积极性,才能实现农副产品的大量增加。

　　土地家庭联产承包责任制是我国农民的伟大创举,是亿万农民的伟大实践,是马克思主义的共有制思想同我国农村实际相结合的产物。家庭联产承包责任制的建立和推广,标志着我国农村以土地为基础的生产关系得到根本调整和改革。这个调整和改革,尊重了农民对土地的基本要求(即在合理负担的情况下,长期经营某土地),符合了社会主义的特点(当时认为绝对的公有制,即集体所有制和全民所有制,才

是社会主义的典型特征),适应了我国农村生产力的发展水平,适合我国农业的发展特点。因此,家庭联产承包责任制是农村社会主义关系的进一步完善,是农村合作经济的完善和发展。家庭联产承包责任制从一开始就显示出了强大的生命力。深刻理解家庭联产承包责任制的演变、内涵及本身所具有的无法克服的缺陷将有利于寻找出符合我国国情的土地制度。

(一)土地家庭联产承包责任制的内涵

在原来"三级所有,队为基础"的人民公社体制下,土地归集体所有,由集体统一经营,收益由集体统一分配。这种制度安排抹杀了各种生产资料与劳动者所提出的差异性。其弊端主要表现在以下几个方面:一是农民自己没有生产经营的自主权。农民与一般的生产资料在安排上没有差别,农民纯粹是人民内部的一个能活动的工具;二是实行绝对的平均主义,使劳动付出与土地产出、经营收益无法直接挂钩。一部分社员无偿占有另一部分社员的劳动成果。从经济学的角度来看,人民公社内部的"搭便车"现象普遍存在,社员的偷懒行为无法避免,也就必然出现"吃大锅饭"现象;三是为了提高劳动生产率就得提高社员所提供劳动的质和量。为此,必须付出高昂的监督费用。同时,这种监督不是法律和规章制度的硬约束,而是实施"人治"的软约束。人民公社内部生产要素之间,实际存在高昂的交易费用,其弊端无法通过某种形式的改良加以克服。

实行土地家庭承包经营后,并没有改变土地的集体所有权。农民希望有一种稳定的、承受合理负担的土地经营制度安排,因为在相当长的时间里,土地是农民生存之基础,是农民唯一的一道社会保障。家庭联产承包经营后,集体通过收取合理税负(或承包费)来实现所有者的权益(就算土地私有,土地的所有者一样得交一定税负实现国家意志或国家财政之需)。经营方式也发生了根本变化,由原来的集体统一经营变为农民家庭承包经营,农民是农业生产经营的主体,农户有了生产经营的自主权(这种自主权在开始并没有得到完全体现,随着计划经济逐步向市场经济过渡,或者随着具有我国特色的社会主义市场经济的逐步建立和完善,农户生产经营的自主权逐渐得以回归)。从分配方式来看,改变了人民公社的"按劳分配"(其实是按"人"分配),实现了真正意义上的按劳分配,即实行了"交够国家的,留足集体的,余下都是自己的"分配方法。这样最大可能地刺激了农户对农业生产的生产资料、资金和劳动力投入积极性。在土地家庭联产承包责任制政策不断调整的过程中,政府始终坚持了合理的政策评价标准,即政策的调整和实施是否有利于调动和保护农民生产的积极性,是否有利于促进农村生产的发展。

(二)土地家庭联产承包责任制的推行与完善

家庭联产承包责任制是我国农民与农村具体情况相结合的产物,因此,其历史久远,在合作化运动中已经有所尝试。

1. 改革开放前对"包产"、"联包"的实践

联产承包责任制在我国土改后常年互助组以及农业合作化过程中都已有所体现。其最早形式是"三包一奖制",并且这种合作方式在各地农业生产合作社中普遍存在,即一定的单位(如生产队)实行"包工、包产、包成本和超产奖励"。1956 年 4 月 29 日《人民日报》发表了何成的一篇题为《生产组和社员都应该"包工包产"》的文章,文中具体介绍了三包到户责任制①的做法和绩效。1956 年 5 月,浙江温州永嘉县第一次明确提出包产到户这个概念,永嘉县燎原合作社也成为全国第一个实行包产到户试验的合作社。但是不久,1957 年 3 月初,浙江省委明确表示:包产到户是方向道路错误。包产到户的首次尝试在接下来的反右派运动中终止了。全国农村的包产到户也暂被中止。

1958 年"大跃进"和"人民公社化运动"极大程度地破坏了农村生产力,为了扭转这种局面,党中央要求克服平均主义和过分集中的倾

---

① 三包到户责任制是指:农业生产合作社把包工包产包到了每个社员,即生产组承包了一定的土地、一定的产量和一定的成本,又把它分给组里各户社员负责。

向,从所有制和人民公社管理体制上来解决农民的关系问题。但是好景不长,1957年7月再次开展"反右倾"斗争。包产到户第二次成为批判的对象。1959年到1961年三年自然灾害,使本已捉襟见肘的农村经济雪上加霜。1960年11月党中央发出了《关于农村人民公社当前政策问题的紧急指示信》,开始纠正"左"的错误,部分地区再次出现了包产到户或类似的农业生产责任制。如1961年4月5日,安徽省委向全省发出《关于加强包工包产责任制的办法(草案)》的通知。但是1962年8月中央工作会议和八届十中全会对包产到户进行了严肃批评。至此,包产到户第三次遭到批判。人民公社制度是单一所有制,不但未加快我国农业的发展,反而导致了农村生产力的倒退。而当时我国农村需要多种形式的所有制的存在,以调动各种要素的积极性。包产到户的生产责任制重视生产资料与劳动者直接结合,扩大了农民的自主权、劳动成果分享权,比人民公社更能体现按劳分配的原则,同时又能最简单的满足农民对土地的经营需求。

2. 改革开放后土地家庭联产承包责任制的建立与完善

1977年11月农村工作会议制定了《关于当前农村经济政策几个问题的规定》,其内容为六条:尊重生产队自主权;搞好按劳分配;减轻生产队和农民负担;允许和鼓励社员经营家庭副业,种好自留地;允许生产队根据不同农活建立不同的生产责任制,可以组织作业组;如是个别人完成的农活,也可以责任到人等。1978年以《光明日报》评论员文章《实践是检验真理的唯一标准》为发端,掀起了一场全国性的关于真理标准问题的大讨论,使人们的思想在一定程度上获得了解放。1978年在安徽、四川的农村改革初步实验促进了经济的发展,深受农民欢迎,预示着一场史无前例的改革将在农村广泛展开。

1978年12月中共十一届三中全会提出了《关于加快农业发展的决定(草案)》,稳定了人民公社"三级所有,队为基础"的体制,并指出"不许分田单干,不许包产到户"。1979年3月国务院作出规定,陆续提高粮、棉、油、猪等18种主要农副产品的收购价格,大大提高了农民的生产积极性。在这种或明或暗的允许下,人民公社体制已难以为继。1979 年 5 月 20 日《人民日报》发表了题为《调动农民积极性的一项有力措施》的文章,肯定了包产到户。到 1979 年 9 月中共十一届四中全会正式通知了《中共中央关于加快农业发展若干问题的决定》,与草案相比,有两处重大变动:一是提出"可以定额分,可以平工记分,也可以包工到组,联产计酬"(即纠正分配上的平均主义);二是把"不许分田单干,不许包产到户"改为"不许分田单干,除某些副业生产的特殊需要和边远山区交通不便的单家独户外,也不要包产到户"。1980 年 3 月,国家农委印发了《全国农村人民公社经营管理会议纪要》,正式提出要在人民公社内部普遍实行生产责任制和定额计酬制,稳定"三级所有,队为基础"的体制。1980 年 9 月 14 日至 22 日中央对包产到户问题进行专题座谈,通过了《中共中央关于进一步加强和完善农业生产责任制的几个问题的通知》,强调推广责任制要因地制宜,分类指导,"允许有多种经营形式,多种劳动组织,多种计酬方法同时存在","不可拘泥于一种模式,搞一刀切"。对贫困落后地区,"包产到户"是联系群众、发展生产、解决温饱问题的一种必要措施。1981 年 10 月,中央召开了第一次全国农村工作会议。会议总结交流了十一届三中全会以来的农村经济政策及农村经济体制改革的经验,充分肯定了农民创造的多种形式的责任制。到 1981 年底全国农村已有 90% 以上的生产队建立了各种不同的农业生产责任制。

1982 年 1 月 1 日中共中央批转的《全国农村工作会议纪要》,即中共中央(1982)一号文件中指出:"我国农业必须坚持社会主义集体的道路,土地等基本生产资料公有制是长期不变的,集体经济要建立生产责任制也是长期不变的。目前实行的是各种责任制,包括小段包工定额计酬,专业承包联产计酬,联产到劳,包产到户、到组,包干到户、到组等等都是社会主义集体经济的生产责任制。"1983 年 1 月 2 日,中共中央将《关于当前农村经济政策的若干问题》以一号文件发出,文件中指出:当前农村工作的主要任务是稳定和完善农业生产责任制;林业、开发荒山等,都要抓紧建立联产承包责任制;要对人民公社体制进行改革,一是实行生产责任制,特别是联产承包制,二是实行政企分社。至此,人民公社体制解体,家庭联产承包责任制取而代之。1983 年 10 月 12 日中共中央,国务院发出了《关于实行政社分开,建立乡政府的通知》,从此结束了长达 25 年之久的政社合一的人民公社制度,为我国农业走向现代化,为实现我国经济发展的第二战略目标,扫除了体制上的重大障碍。

　　1984 年 1 月,中共中央《关于 1984 年农村工作的通知》指出"土地承包期一般应在十五年以上",同时强调要稳定和完善生产责任制。1987 年 1 月中共中央政治局通过了《把农村改革引向深入》的决定,指出"要进一步稳定土地承包关系"。1990 年 12 月中共中央、国务院在《关于 1991 年农业和农村工作的通知》中指出:"要稳定完善土地承包制。对已形成的土地承包关系,要保持稳定;只要符合承包法基本原理,群众基本满意,就不要动。"1991 年 11 月 29 日,中共十三中全会通过的《中共中央关于进一步加强农业和农村工作决定》指出,要把以家庭联产承包为主的责任制和统分结合的双层体制,作为乡村集体经济组织的一项基本制度长期稳定下来。1993 年 11 月中共中央、国务院在《关于当前农业和农村经济发展的若干政策措施》中指出要再次延长土地期限,土地承包期到期后再延长 30 年。1995 年 3 月,国务院批转农业部《关于稳定和完善土地承包关系》的通知,强调维护承包合同的严肃性,要求各地在第二轮土地延包期中一定要按中央规定执行,并且明确指出土地承包期再延长 30 年(指的是家庭土地承包经营的期限),集体土地实行的家庭联产承包制度是一项长期不变的政策。1998 年 10 月中共中央十五届三中全会通过了《关于农业和农村工作若干重大问题的决定》,《决定》指出要坚定不移地贯彻土地承包期再延长 30 年的政策,同时要抓紧制定确保农村土地承包关系长期稳定的法律法规,赋予农民长期而有保障的土地使用权;对于违背政策缩短土地承包期、收回承包地、多留机动地、提高承包费等错误做法,必须坚决纠正;少数确有条件的地方,可以发展多种形式的土地适度规模经营。

总体来讲,土地家庭联产承包责任制,与我国根深蒂固的传统农耕思想、农民的生活、耕作方式相适应,与我国既有的农村生产力发展水平相适应。联产承包责任制的最终确立是我国农民实践的结果,是我国农民与我国政府长期博弈的结果,是"解放思想、实事求是"思想的集中体现,它为我国农村经济的发展注入了新的活力。该制度的确立解决了困扰我国人民多年的"吃饭"问题,对维持我国的稳定和长期繁荣功不可没,同时为我国农业从传统农业走向现代农业奠定了坚实的物质基础。

二、改革开放后我国农用土地制度的发展完善

(一)改革开放后历次宪法修改中有关农用土地的论述

1982 年,中华人民共和国宪法第十条规定"农村和城市郊区的土地,除由法律规定属于国家所有的以外,属于集体所有;宅基地和自留地、自留山,也属于集体所有。国家为了公共利益的需要,可以依照法律规定对土地实行征用。任何组织或者个人不得侵占、买卖、出租或者以其他形式非法转让土地"。1988 年 4 月 12 日,中华人民共和国宪法修正案将该款修改为:"任何组织或者个人不得侵占、买卖或者以其他形式非法转让土地。土地的使用权可以依照法律的规定转让"。该修改明确了农地产权的进一步分离,将所有权与承包经营权的两权分离过渡到所有权、承包权与使用权的三权分离。1993 年 3 月 29 日,中华人民共和国宪法修正案第六条将原宪法第八条第一款:"农村人民公社、农业生产合作社和其他生产、供销、信用、消费等各种形式的合作经济,是社会主义劳动群众集体所有制经济。参加农村集体经济组织的劳动者,有权在法律规定的范围内经营自留地、自留山、家庭副业和饲养自留畜。"修改为"农村中的家庭联产承包为主的责任制和生产、供销、信用、消费等各种形式的合作经济,是社会主义劳动群众集体所有制经济。参加农村集体经济组织的劳动者,有权在法律规定的范围内经营自留地、自留山、家庭副业和饲养自留畜。"该修改为农村养殖业的发展提供了宪法支持。1999 年 3 月 15 日第九届全国人民代表大会第二次会议通过的《中华人民共和国宪法修正案》中第八条为"农村集体经济组织实行家庭承包经营为基础、统分结合的双层经营体制。农村中的生产、供销、信用、消费等各种形式的合作经济,是社会主义劳动群众集体所有制经济。"该修改将家庭联产承包修改为家庭承包经营,为改变农村以土地制度为基础的分配制度提供法律支持,为国家建立更为完善、更为顺畅的粮食流通体制提供了宪法支持,并且在 1988 年以后的宪法中都有"国家为了公共利益的需要,可以依照法律规定对土地实行征收或者征用并给予补偿。任何组织或者个人不得侵占、买卖或者以其他形式非法转让土地。土地的使用权可以依照法律的规定转让"的表述。

(二)有关农地承包的法律、政策论述

1984 年 7 月 2 日中共中央书记处农村政策研究室就中共中央(1984 年)一号文件中有关土地(主要指耕地)承包的几个问题作出了解释。在解释延长土地承包期的原因时指出:"延长土地承包期的基本出发点,在于稳定联产承包责任制,鼓励农民向土地追加投资,改善与土地相关的生产条件,实行集约经营,提高土地生产力",并且"提高土地的经营水平,不能单单依靠延长承包期这一项政策,而是需要多方面的努力"。在回答"延长承包期时,要不要进行土地调整"时指出:"延长土地承包期要求在较长时期内稳定土地的承包使用权,将有利于提高土地的经营水平;但随着农业生产结构的调整,土地作为主要生产资料,承包使用权的相应转移又是不可避免的,所以在承包期内允许社员自愿协商转包,会有利于分工的发展并形成适度的土地经营规模。这两个方面,目标一致,可以相辅相成。"在回答"土地承包期延长以后,农户的人口、劳力发生了变化,在承包期内要不要对承包地作相应的调整"的问题时指出:"按人平均使用土地,而且随人口增加,一再调整,一再分割,这不利于土地的稳定经营,也不符合经济发展的趋向。

今后随着农村商品生产的发展,不论现有的还是新增加的劳动力,将逐步向非种植业转移,而不是主要依靠调整承包地解决。"并总结了解决人地矛盾的办法,如"有的采用调整口粮和提留指标的'动粮不动地'、'供粮不包田'办法;有的实行增人减责任田、加口粮田,减人增责任田、减口粮田的'两田互补'办法;有的实行一部分土地长期承包不动,一部分土地短期承包、几年一调的'长短结合'办法;还有的可预留机动地,以备调剂等等"。在回答"为什么允许社员自己协商转包土地"时指出:"随着农村经济的发展和农业生产的专业化,土地使用权的转移和适当集中,也是不可避免的。这种趋势,有利于农业生产的商品化。目前,土地使用权的转移和集中有两种方式,一种是由集体统一调整,另一种是由社员个人转包。集体调整一般是集体把农户无力耕种或专业户退出的土地以及预留的机动地等,包给有能力经营的农户。在不具备条件实行集体统一调整的地方,由社员个人协商转包,更具有灵活性和符合经济需要,将会作为一种重要的形式而发挥积极作用。"并同时强调"农村土地属于集体所有,这是我国宪法规定的原则,不得违反。实行延长土地承包期,允许个人转包土地和对土地投资给以补偿的政策,并不是改变土地公有的性质,相反,只有在确保土地公有制的前提下才能实行"。

1987 年,中共中央书记处农村政策研究室《关于稳定和完善土地承包制的意见》中指出:"坚持土地公有、稳定家庭承包,这是党在农村的基本政策,也是加强土地承包管理的基本原则。其目的是防止对土地的掠夺、破坏,使有限的土地得到最合理的利用,发挥最大的经济效益。"同时,只要承包者对耕地"按合同经营,在承包期满后仍可优先由该户继续承包;已经形成一定规模并确实增产的,如承包者愿意长期经营农业,可以签订更长期的承包合同。长期从事别的职业,自己不耕种土地的,除已有规定者外,原则上应将承包地交回集体,由集体重新发包,或经集体同意转包给种田能手,以促进土地适当集中。耕地承包,以户为单位要尽可能集中联片;承包后分家的,也要尽量保持联片经营。要用发展非农产业和开发性生产增加耕地外就业门路和收入的办法,来解决人口增加同耕地有限的矛盾。"

1994 年 12 月 30 日,农业部在《关于稳定和完善土地承包关系的意见》中指出:(1)保证农业承包合同的严肃性;(2)积极、稳妥地做好把土地承包期再延长 30 年的工作,(3)承包期内实行"增人不增地、减人不减地";(4)建立在农地集体所有和农地用途不变前提下的土地承包经营权流转机制。但严禁擅自将耕地转为非耕地;(5)不得借调整土地之机变相增加农民负担。延长土地承包期和进行必要的土地调整时,不得随意提高承包费,变相增加农民负担;(6)保护继承人的合法权益。承包人以个人名义承包的土地(包括耕地、荒地、果园、茶园、桑园等)、山岭、草原、滩涂、水面及集体所有的畜禽、水利设施、农机具等。1995 年 3 月 28 日,国务院批转农业部《关于稳定和完善土地承包关系的意见》的通知中指出:"以家庭联产承包为主的责任制和统分结合的双层经营体制,是党在农村的一项基本政策和我国农村经济的一项基本制度,必须保持长期稳定,任何时候都不能动摇。要通过强化农业承包合同管理等一系列措施,使农村的土地承包关系真正得到稳定和完善。"

在 1998 年 8 月 29 日修订通过的《中华人民共和国土地管理法》中对农地承包作出如下规定:第十四条规定"农民集体所有的土地由本集体经济组织的成员承包经营,从事种植业、林业、畜牧业、渔业生产。土地承包经营期限为三十年。发包方和承包方应当订立承包合同,约定双方的权利和义务。承包经营土地的农民有保护和按照承包合同约定的用途合理利用土地的义务。农民的土地承包经营权受法律保护。在土地承包经营期限内,对个别承包经营者之间承包的土地进行适当调整的,必须经村民会议三分之二以上成员或者三分之二以上村民代表的同意,并报乡(镇)人民政府和县级人民政府农业行政主管部门批准。"第十五条规定"农民集体所有的土地,可以由本集体经济组织以外的单位或者个人承包经营,从事种植业、林业、畜牧业、渔业生产。……农民集体所有的土地由本集体经济组织以外的单位或者个人承包经营的，必须经村民会议三分之二以上成员或者三分之二以上村民代表的同意，并报乡（镇）人民政府批准。"可见在该法中对农地承包有两个突出的表述：一是土地承包期的延长；二是土地承包主体不再局限于集体内部的单位或个人。

1998 年 10 月 14 日，中国共产党第十五届中央委员会第三次全体会议通过《中共中央关于农业和农村工作若干重大问题的决定》中指出："实行家庭承包经营，符合生产关系要适应生产力发展要求的规律，使农户获得充分的经营自主权，能够极大地调动农民的积极性，解放和发展农村生产力；符合农业生产自身的特点，可以使农户根据市场、气候、环境和农作物生长情况及时作出决策，保证生产顺利进行，也有利于农户自主安排剩余劳动力和剩余劳动时间，增加收入。这种经营方式，不仅适应以手工劳动为主的传统农业，也能适应采用先进科学技术和生产手段的现代农业，具有广泛的适应性和旺盛的生命力，必须长期坚持。家庭承包经营是集体经济组织内部的一个经营层次，是双层经营体制的基础，不能把它与集体统一经营割裂开来，对立起来，认为只有统一经营才是集体经济。要切实保障农户的土地承包权、生产自主权和经营收益权，使之成为独立的市场主体。"再次强调了家庭承包经营要作为一项基本制度长期坚持。

2000 年 11 月，《中共中央关于做好农户承包地使用权流转工作的通知》，《通知》指出："稳定和完善土地承包关系，是党的农村政策的基石，是保障农民权益、促进农业发展、保持农村稳定的制度基础。在稳定家庭承包经营制度的基础上，允许土地使用权合理流转，是农业发展的客观要求，也符合党的一贯政策。"强调"耕地的承包期为三十年。草地的承包期为三十年至五十年。林地的承包期为三十年至七十年；特殊林木的林地承包期，经国务院林业行政主管部门批准可以延长"。对于农户承包地使用权流转必须坚持：（1）"要在长期稳定家庭承包经营制度的前提下进行"；（2）"必须坚持依法、自愿、有偿的原则"；（3）

"规范企事业单位和城镇居民租赁农户承包地",强调"工商企业投资开发农业,应当主要从事产前、产后服务和'四荒'资源开发,采取公司加农户和订单农业的方式,带动农户发展产业化经营"。并且"外商在我国租赁农户承包地,必须是农业生产、加工企业或农业科研推广单位,其他企业或单位不准租赁经营农户承包地"。

2002 年 8 月通过的《中华人民共和国农村土地承包法》第四条规定:"国家依法保护农村土地承包关系的长期稳定。农村土地承包后,土地的所有权性质不变。承包地不得买卖。"同时第十条规定:"国家保护承包方依法、自愿、有偿地进行土地承包经营权流转。"在 2004 年 8 月 28 日第十届全国人民代表大会常务委员会第十一次会议《关于修改〈中华人民共和国土地管理法〉的决定》中再次强调了农地承包的有关规定。在 2005 年的一号文件中,再次强调要认真落实农村土地承包政策。文件指出:"针对一些地方存在的随意收回农户承包地、强迫农户流转承包地等问题,各地要对土地二轮承包政策落实情况进行全面检查,对违反法律和政策的要坚决予以纠正,并追究责任。要妥善处理土地承包纠纷,及时化解矛盾,维护农民合法权益。尊重和保障农户拥有承包地和从事农业生产的权利,尊重和保障外出务工农民的土地承包权和经营自主权。承包经营权流转和发展适度规模经营,必须在农户自愿、有偿的前提下依法进行,防止片面追求土地集中。各省、自治区、直辖市要尽快制定农村土地承包法实施办法。"

可见,从改革开放以来,我国农地的承包政策是连贯的,都强调农用土地的承包政策不能轻易改变,这是我国的一项基本国策。随着农村经济的发展,农村土地的承包办法会不断地创新,但无论如何创新都要保护农民的利益,要充分认识和发挥我国农用土地的生产要素和社会保障功能。

(三)有关耕地保护的主要政策以及相关法律

我国人多地少,人地矛盾相当突出,农用土地制度安排的重要功能就是要保护土地,进而保证我国的粮食安全。改革开放以来,我国建立了一系列严格的农用土地保护制度。

1982 年 10 月 29 日,中共中央办公厅、国务院办公厅转发中央书记处农村政策研究室、城乡建设环境保护部《关于切实解决滥占耕地建房问题的报告》的通知。指出:近几年来,农村建房滥占耕地的情况十分严重,加上国家建设不可避免地每年都要占用一些土地,这就使得我国人口多、可耕地少的矛盾更为突出,这种情况如不给予高度重视,采取断然措施加以制止,必将产生严重后果。为此,中央书记处、国务院要求:(1)严格控制占用耕地建房;(2)坚决刹住干部带头占地建房风。

1986 年 3 月 21 日,中共中央、国务院发出《关于加强土地管理、制止乱占耕地的通知》。《通知》指出:"从全国来看,城乡非农业建设乱占滥用土地的问题仍然普遍存在,有的地方甚至出现了猛增的势头。乡镇企业和农村建房乱占耕地、滥用土地的现象极为突出。许多地方耕地大量减少,有的省 1 年减少一个中等县的耕地面积,有的城镇郊区农民几乎已无地可种。"因此"各级党委和政府必须高度重视,采取有力措施,加强土地管理,迅速制止乱占耕地、滥用土地的现象"。在该《通知》中强调宣传,提高广大干部群众对合理用地、保护耕地重要意义的认识;强调运用行政、经济、法律等综合措施强化农地管理。

1987 年 6 月 1 日,农牧渔业部、国家土地管理局发出《关于在农业结构调整中严格控制占用耕地的联合通知》,《通知》指出:"'六五'期间,全国耕地面积减少 3689 万亩,平均每年减少 738 万亩,是 1970 年到 1980 年 10 年间平均每年减少 274 万亩的 2.7 倍。其中仅 1985 年 1 年就减少耕地 1512 万亩,相当于 22 个中等县的耕地面积。1986 年又减少 960 万亩。"并且"耕地大幅度减少,主要是农村产业结构调整占用耕地过多,约占耕地减少数的 75%,非农业建设只占 25% 左右。"因此,"为保证耕地面积不致减少过多以保持粮田面积的稳定,除对非农业建设占地采取下达指令性计划指标严格控制外,对农业内部结构调整占用耕地必须严加控制"。

1988年10月21日,国务院第二十二次常务会议通过《土地复垦规定》。该规定出台的目的在于加强土地复垦工作,合理利用土地,改善生态环境,保证耕地总量的动态平衡。

1997年5月20日,国家土地管理局、国家计划委员会第6号令发布《冻结非农业建设项目占用耕地规定》。该《规定》是根据《中共中央国务院关于进一步加强土地管理切实保护耕地的通知》中关于冻结非农业建设项目占用耕地一年的决定而制定的。该《规定》指出除为解决城镇中低收入家庭住房困难户住房和安居工程以及经国家批准的重点建设项目之外,其他各类非农业建设在冻结期间不得占用耕地;确实需要占用耕地的,报国务院审批。

1998年8月29日,第九届全国人民代表大会常务委员会第四次会议修订的《中华人民共和国土地管理法》中对耕地保护进行了较为全面的论述。该法指出"国家保护耕地,严格控制耕地转为非耕地"。"国家实行占用耕地补偿制度。非农业建设经批准占用耕地的,按照'占多少,垦多少'的原则,由占用耕地的单位负责开垦与所占用耕地的数量和质量相当的耕地;没有条件开垦或者开垦的耕地不符合要求的,应当按照省、自治区、直辖市的规定缴纳耕地开垦费,专款用于开垦新的耕地"。同时"省、自治区、直辖市人民政府应当严格执行土地利用总体规划和土地利用年度计划,采取措施,确保本行政区域内耕地总量不减少"。该法还严格规定不能擅自改变耕地的用途。"禁止占用耕地建窑、建坟或者擅自在耕地上建房、挖砂、采石、采矿、取土等。禁止占用基本农田发展林果业和挖塘养鱼"。

为进一步严格规范耕地保护,国家根据《中华人民共和国农业法》和《中华人民共和国土地管理法》,制定了《基本农田保护条例》(1998年12月24日国务院第12次常务会议通过),实施了基本农田保护制度。

1998年10月14日,中国共产党第十五届中央委员会第三次全体会议通过的《中共中央关于农业和农村工作若干重大问题的决定》再次强调:"我国后备耕地资源不足,提高农业综合生产能力,应立足现有耕地的保护和改造。依法限制农用地转为建设用地,严格执行基本农田保护制度。"

1999年12月29日,国土资源部、农业部发布《关于搞好农用地管理促进农业生产结构调整工作的通知》。《通知》强调"加强基本农田保护,搞好农用地管理,促进农业生产结构调整",强调了土地的合理利用与耕地的总量平衡。

2000年3月2日,监察部、国土资源部根据《中华人民共和国土地管理法》、《中华人民共和国行政监察法》、《中华人民共和国土地管理法实施条例》等有关法律、法规,制定了《关于违反土地管理规定行为行政处分暂行办法》。详细规定了违反土地管理的基本标准,进一步规范了单位或个人的行为。

2000年11月4日,新华社全文播发《中共中央关于做好农户承包地使用权流转工作的通知》。《通知》指出"土地管理部门要加强对农村土地征占用的管理,防止以土地流转为名,擅自改变土地农业用途"。

2004年8月28日,第二次修正的《中华人民共和国土地管理法》中继续强调耕地保护、基本农田保护制度。

2005年的一号文件指出要严格保护耕地。"控制非农建设占用耕地,确保基本农田总量不减少、质量不下降、用途不改变,并落实到地块和农户。严禁占用基本农田挖塘养鱼、种树造林或进行其他破坏耕作层的活动。修订耕地占用税暂行条例,提高耕地占用税税率,严格控制减免。搞好乡镇土地利用总体规划和村庄、集镇规划,引导农户和农村集约用地。加强集体建设用地和农民宅基地管理,鼓励农村开展土地整理和村庄整治,推动新办乡村工业向镇区集中,提高农村各类用地的利用率。加快推进农村土地征收、征用制度改革"。

(四)有关农地征用补偿的规定

1989年1月1日起施行的《土地复垦规定》第十四条规定:"企业

和个人对其破坏的其他单位使用的国有土地或者国家不征用的集体所有土地,除负责土地复垦外,还应当向遭受损失的单位支付土地损失补偿费。土地损失补偿费分为耕地的损失补偿费、林地的损失补偿费和其他土地的损失补偿费。耕地的损失补偿费,以实际造成减产以前三年平均年产量为计算标准,由企业和个人按照各年造成的实际损失逐年支付相应的损失补偿费;集体经济组织承包复垦其原有的土地,补偿年限应当按照合同规定的合理工期确定。其他土地的损失补偿费,参照上述原则确定。地面附着物的损失补偿标准,由省、自治区、直辖市规定。"

1998年8月29日,第九届全国人民代表大会常务委员会第四次会议和2004年8月第二次修正的《中华人民共和国土地管理法》第四十七条都规定:"征用土地按照被征用土地的原用途给予补偿。征用耕地的补偿费用包括土地补偿费、安置补助费以及地上附着物和青苗的补偿费。征用耕地的土地补偿费,为该耕地被征用前三年平均年产值的六至十倍。征用耕地的安置补助费,按照需要安置的农业人口数计算。需要安置的农业人口数,按照被征用的耕地数量除以征地前被征用单位平均每人占有耕地的数量计算。每一个需要安置的农业人口的安置补助费标准,为该耕地被征用前三年平均年产值的四至六倍。但是,每公顷被征用耕地的安置补助费,最高不得超过被征用前三年平均年产值的十五倍。征用其他土地的土地补偿费和安置补助费标准,由省、自治区、直辖市参照征用耕地的土地补偿费和安置补助费的标准规定。被征用土地上的附着物和青苗的补偿标准,由省、自治区、直辖市规定。征用城市郊区的菜地,用地单位应当按照国家有关规定缴纳新菜地开发建设基金。依照本条第二款的规定支付土地补偿费和安置补助费,尚不能使需要安置的农民保持原有生活水平的,经省、自治区、直辖市人民政府批准,可以增加安置补助费。但是,土地补偿费和安置补助费的总和不得超过土地被征用前三年平均年产值的三十倍。国务院根据社会、经济发展水平,在特殊情况下,可以提高征用耕地的土地补偿费和安置补助费的标准。"

2004 年 11 月 20 日在《国务院关于深化改革严格土地管理的决定》[国发(2004)28 号]文件中规定:"县级以上地方人民政府要采取切实措施,使被征地农民生活不因征地而降低。要保证依法足额和及时支付土地补偿费、安置补助费以及地上附着物和青苗补偿费。依照现行法律规定支付土地补偿费和安置补助费,尚不能使被征地农民保持原有生活水平的,不足以支付因征地而导致无地农民社会保障费用的,省、自治区、直辖市人民政府应当批准增加安置补助费。土地补偿费和安置补助费的总和达到法定上限,尚不足以使被征地农民保持原有生活水平的,当地人民政府可以用国有土地有偿使用收入予以补贴"。并且"县级以上地方人民政府应当制定具体办法,使被征地农民的长远生计有保障","征地补偿安置不落实的,不得强行使用被征土地"。

第三节　我国农地制度变迁历程的特征分析

一、我国农地制度变迁的绩效

新中国成立以来,围绕以土地所有权和经营权为核心的土地制度经历了多次大的变迁,尽管最终的绩效相差悬殊,但最终的事实是,凡是满足了农民自主发展需求并得到政府引导、支持和推动的制度变革都获得了成功;凡是违背了人民根本利益的制度安排都面临失败。家庭承包制的变迁促进了社会发展,具体表现在以下几方面:(1)催生了土地流转制度,将我国农民从缺衣少食的贫困生活提高到了解决温饱问题,在历史上跨越了一大步。(2)促进农村剩余劳动力的社会转移,农民进城务工,进城经商,促进了国民经济的快速发展。(3)促进了现行户籍制度的全面改革,由此推动了农村人口在城市就业、就学、劳动力调配和社会保障等诸多方面的改革。(4)促进了城市化进程,工作生活在小城镇的农村人口以及在乡镇企业工作的农民和跨地区进城务工的部分农民工逐步脱离土地进入城镇,成为我国城市化建设中劳动力的主要组成部分。农村剩余劳动力的流动,不仅冲击了城乡分割和区域封闭的二元社会经济体制,还促进了多种生产要素在更大区域范围内的配置和组合,开拓了一条城乡统筹、协调发展道路。①

二、我国农地制度变迁的基本特征

（一）阶段性

我国农村土地制度变迁过程可以划分为几个不同阶段,每一阶段都存在着需要解决的特定问题,有着特定的改革目标和任务。对此,前文已经有非常详细的分析,不再重复。

（二）变通性

如果社会意识形态有力地支撑着一项正式制度,那么这项制度的变迁将可能引发社会动荡。我国的土地制度改革是在不改变原有的意识形态下进行的,因此我国的土地制度改革具有变通性。20 世纪 70年代末,农村土地制度的变迁只改变了土地经营制度,在随后的几年时间内形成了"所有权归集体,土地承包经营权归农户"的集体土地格局。1998 年,中共十五届三中全会通过的《中共中央关于农业和农村工作若干重大问题的决定》中将土地家庭承包制的性质做了重新界定——不再是一种生产经营性质的责任制,这样,土地制度改革的实质——产权制度改革就凸显出来。由于我国农村土地制度的变通性,制度变迁并没有给社会和群众的心理造成刺激,相反还降低了土地制度变迁的成本。

（三）连贯性

在我国 20 多年的农地制度改革过程中,始终贯穿于其中的一条线是:国家的行政权力逐渐从土地集体所有权中分离出来,而集体所有权又转变为独立的、排他的、私人性的、具有财产权的土地承包经营权。改革初期,包产到户和包干到户被引入到农地制度中。1984 年,"政社

---

① 章辉美:《中国农村土地制度变迁对农村社会发展的影响》,载《中州学刊》2005年第 5 期,第 44—46 页。

合一"的人民公社体制的废止意味着形式上的行政权力从土地集体所有权中彻底退出,但事实上,国家行政权力干预土地所有权的惯性依然存在。1986年《中华人民共和国民法通则》对集体土地承包经营权的规定已使其显出物权性质。1993年7月《中华人民共和国农业法》对土地承包经营权的内涵和外延作了进一步拓展。1993年底,中共中央、国务院决定将承包期再延长30年不变。1995年3月,国务院出台的《农业部关于稳定和完善土地承包关系的意见》使土地承包经营权正式成为一项土地权利。1997年8月27日,《中共中央办公厅、国务院办公厅关于进一步稳定和完善农村土地承包关系的通知》中指出:土地承包期延长后,乡(镇)人民政府农业承包合同主管部门要及时向农户颁发由县或县以上人民政府统一印制的土地承包经营权证书。这一规定标志着土地承包经营权的物权性质即便是在形式上也已得到了行政法规部门承认。1998年8月29日修订通过的《土地管理法》正式使用了土地承包经营权的概念。

(四)对我国农地制度变迁特征的简要总结

综上所述,我国农村土地制度改革的过程中,行政权力的分离给土地承包经营权的成长创造了条件,其分离程度也决定了土地承包经营权的成长速度。1984年以前,国家的行政权力在农村土地制度中占主导地位,1984年以后,行政权力的主导地位逐渐减弱,随之成长起来的是土地承包的经营制度。但是,直到今天,行政权力也没有完全从土地集体所有权中分离出来。同时,诱致性制度变迁在我国农村土地制度变迁中占有重要地位,我们不能忽视政府主导的强制性制度变迁,这种制度变迁主要体现在1982年以后的土地制度改革中。因此,在农村土地制度改革的过程中,应该打破传统模式,不断寻求土地制度改革的创新,以此来适应农村社会主义市场经济的发展。①

---

① 靳相木、杨学成:《中国农村土地制度改革过程的变通性、阶段性和一贯性》,载《山东农业大学学报》(社会科学版)2004年第2期,第10—14、19页。

第 四 章

我国农地集体所有权制度改革探索

第一节　我国农地所有权制度演进的理论分析

农地产权是指在一定时间内,以不同的形态存在于至少两个微观经济主体(私人、组织、政府)之间的,对农地进行控制和行使农地的所有权、承包经营权、使用权、收益权和处置(流转)权(在后面将分别介绍)等一组权利,其中农地所有权是农地产权的核心。农地产权关系明晰与否、农地产权结构合理与否都不同程度地决定着农地资源的配置效率。由于种种原因,人们对农地产权制度的关注更多地集中于土地使用制度安排方面,而对于土地所有权的关注却相对较少。然而,所有权作为产权制度的核心,有必要对其进行探讨。《中华人民共和国宪法》(2004年修正)第十条规定,农村和城市郊区的土地,除由法律规定属于国家所有的以外,属于集体所有;宅基地和自留地、自留山,也属于集体所有。《中华人民共和国土地管理法》(2004年修改)第二条规定,中华人民共和国实行土地的社会主义公有制,即全民所有制和劳动群众集体所有制。《中华人民共和国农村土地承包法》第二条规定:本法所称农村土地,是指农民集体所有和国家所有依法由农民集体使用的耕地、林地、草地,以及其他依法用于农业的土地。

一、农地所有权的内涵

(一)所有权和农地所有权

所有权是民法学上的一个物权概念,是财产所有权的简称,它是指所有人可以对其所有的财产占有、使用、收益和处分,并排除他人对其财产违背其意志进行干涉的权利。从定义上来看,它包含两层含义:第一,所有权的权能包括占有权、使用权、收益权和处分权。其中,占有权指对财产的实际管领和控制;使用权指使用、经营财产的权利,它以财产的占有为前提;收益权指享有财产现在和未来增值或损失的权利;处分权指处置财产的权利,因此有时又称处置权,包括财产的转让、赠与和放弃,等等。处分权是所有权的核心权能,对所有权权益的实现起关键作用。第二,所有权是受到限制的权利。首先,所有权具有完整性。所有权的完整性表现在所有权不只是占有、使用、收益、处分等各种权能在量上的总和,而是一个整体的权利(正因为所有权具有整体性特征,因此就决定了所有权不能在内容和时间上加以分割);其次,所有权具有永久性。所有权的永久性表现在不仅所有权权能能够永久存续,而且当事人还不得约定其存续期限。再次,所有权还具有排他性。

因此,借用所有权的概念,就可以把农地所有权概括为农地所有人对其所有的土地占有、使用、收益、处分并排除他人干涉的权利。其含义同样包括:第一,对土地的占有、使用、收益和处分四个权能;第二,其权能的行使受其自身完整性、永久性和排他性的限制。

(二)农地产权与农地所有权的区别与联系

"农村土地所有权"和"农村土地产权"既有联系又有区别。"农地所有权"是农地所有制的法律用语,是农地经济关系在法律上的体现,它侧重强调农地与经济制度相联系的生产关系属性。"农地产权",是指与地产相关的各种权利的"权利束",其客体或标的是农村地产,强调各权益主体共同指向农地并受法律保护的权利。也就是说,农地的所有权、使用权、收益权、处分权等各项权利共同组成农地产权。农地产权可理解为单项权利的权利束或权利组合,其不同的组合形式形成不同的土地产权结构,不同的产权结构形成了不同的利益主体结构,而不同的产权结构也就具有不同的产权效率。①

土地所有权伴随着国家、法律的出现而出现,但正如奴隶主既拥有土地所有权,同时也通过奴隶的劳动实现土地收益一样,最初土地所有权与其他权能几乎是一体的,没有必要也不可能从所有权权能结构中分离其他要素。当奴隶经济发展到一定阶段才出现权能的分离和独立权利的形成,随着商品经济的发展才逐步确立土地产权制度。

土地产权制度的确立经历了两次否定的过程。第一次表现为土地所有权内部权能,如占有权、使用权、收益权和处分权等相对独立化,并且直接创造了经济效益。第二次表现为所有权中其他权能的运用而形成法人所有权,从而强化了土地的市场运作功能。

在现代市场经济中,土地所有权是产权体系的重要组成部分。农地产权事关资源配置,它通过主体对农业生产主要资源——土地的占有来决定资源如何配置和影响农业产出和收益。因此,可以这样认为,农地产权实质上是农地所有权的实现形式。

二、农地所有权制度变迁的简要回顾

我国原始社会的土地为氏族所公有,暂未出现土地制度,土地制度的起源可以追溯到奴隶制社会,国家的出现促成了法律的形成,依靠国家强制力约束土地分配与使用的做法逐渐普及起来。从夏商开始,土地毫不例外的归国有,土地国有制度下由天子行使分封制。自战国以来,逐步产生了土地私有制,并分离出农民自耕和地主管理下的两种土

---

① 杨继瑞:《我国农村土地资源配置市场化问题探讨》,载《中国土地问题研究》,中国科学大学出版社 1998 年版,第 193—198 页。

地私有制。土地权利趋于多样化,租赁权、典当权甚至永佃权等权利的出现丰富了土地的使用功能。土地不再仅仅专属于王者贵族,慢慢走入商品市场,变得财产化、商品化。私有土地的成熟发展导致与之相对的公有土地的诞生。我国公有土地的历史可以追溯到宋代,公有土地的种类包括寺田、义田、学田、祭田、义仓田等类型。在清代,公有土地的发展尤为繁盛,数目甚为可观,例如苏州府的宗族义田,就达150255亩①。经历了近百年暗无天日、民不聊生的战乱纷扰,中国共产党通过革命手段改变了落后消极的封建土地私有制,致力于还地于民、实现"耕者有其田"的理想土地制度。然而,由于新中国成立初期生产力水平低下,广大农民还没有从战争的荼毒中完全恢复过来,"还地于民"的土地制度在制定与落实上面临了种种问题。1953年底以来,我国开始实行农业生产合作化制度,并逐步由农业初级合作化向高级社再到人民公社化演变,直到在1962年形成了"三级所有,队为基础"的集体农地所有制,并实行"共同劳动,按劳分配"的公有公用使用制度,这种制度一直延续到改革开放。改革开放以来,我国的土地制度依然实行集体农地所有权制度,并通过联产承包改革废除了集体土地公有公用的使用方式。直到现在,我国集体农地所有权制度仍有待进一步完善。

三、我国农地所有权制度变迁的经济学分析

美国著名经济学家诺思曾提出——"制度是一系列被制定出来的规则、守法程序和行为的道德伦理规范,它旨在约束追求福利或效用最大化的个人行为。"②随着社会环境的改变,制度也必然会发生调整,其中,经济因素对制度安排所产生的影响最大。当社会经济环境所需,制

---

① 范金民:《清代苏州宗族义田的发展》,载《中国史研究》1995年第3期,第56—68页。

② 道格拉斯·C·诺思:《经济史中的结构与变迁》,上海三联书店1999年版,第225页。

度变迁或创新所带来的收益大于成本时,该行为就会发生。

（一）从原始社会到封建社会的土地制度变迁

原始社会的生产力低下,人们不得不通过组成部落、氏族的方式凝聚成员力量,共同劳作生产、共享收益以维系生活。原始社会末期,部落、氏族之间的交往与合作增强,针对生产资料的占有、利益的分配问题,也产生了一系列规则,因此,关于土地的生产分配制度也初现雏形。随着财富的增加,部落之间也趋于联合或分裂,为了维护部落利益,土地制度规范范围进一步扩大,形成公有土地的需要越来越强烈,于是,由国家法律强制执行的新型土地制度呼之欲出。随着农耕生产方式、生产工具的普及提高,社会生产力大为发展,农业生产的家庭经营代替了奴隶的集中劳动,于是,土地的排他性和占有土地的可转让性也随着农业生产家庭经营的发展而有所体现。封建制度的诞生也确立了封建土地私有制的形成,封建制度下国有土地的形成、管理成本相对较高,国有土地呈现了私有化的趋势,配置效率也随着土地趋于多元化而提高。

（二）新中国成立后到改革开放阶段的土地制度变迁

新中国成立初期,国家大量收缴地主手中的土地并将其分给广大农民,以国家强制力确保"耕者有其田",但我国地广人稠,在个体农民土地所有制下,政府极难控制农业规模,更难以在此基础上筹集当时急需的国家工业建设资金。土地制度朝集体化方向发展,中央集权向基层合作社下放。一方面农民为了克服生产工具、劳动力等的不足不得不通过互助生产的方式组织合作社进行农业生产,另一方面农村合作社制度极大地限制了农民权利,剥夺了其应得的经济利益。如果说农村初级社的组织还较稳定,农民所有的产权、退出权、剩余控制权和剩余索取权等还算完整,那么到了高级社,农地的所有权、经营权、使用权、收益权和处置权都不同程度地归为集体所有,加上强制性的农产品统派购制度,国家获得了原来属于集体和农民的土地产权,取得了对农产品生产计划的控制权和支配权。产权的模糊、劳动制度的僵化制约了地租对农产品价格的影响,导致平均分配不"平均",遏制了资源配置效率和劳动激励体制。因此,人民公社制度阻碍了生产力的发展,不符合我国的实际国情。在此基础上,压抑已久的农民自发创造了以家庭为单位的联产经营承包制度,初步实现了土地所有权和使用权的分离,利用产权的激励功能促进了生产的发展。现实证明,农地集体所有制下的联产承包责任制与我国国情相适应并取得了极大的成功,国家意志与农民利益得到了统一。①

四、农地产权制度改革深化的必然性分析

把农村土地改革引向深入,从以引入家庭承包经营为主要内容的生产经营体制改革,向以交给农民个人的一种明晰的、受法律保障的土地权利为主要内容的产权改革转换,是我国农村土地改革不可逾越的发展阶段。

（一）农地产权制度改革是体制转轨的必要

从体制层面看,农村改革的最终目标是建立农村社会主义市场经济体制,市场机制在农村仍然是资源配置基本手段,随着经济的发展其影响作用将日益显著。但是,我国在建立、健全、完善农地市场之路上的任务艰巨而紧迫。当前,农村土地资源配置方式仍以过去计划经济体制下的行政手段为主,效率低下且欠公平,农户之间根本无法实现承包土地的自由流转。农村土地产权制度改革步伐已远远落后于我国经济发展所提出的实践要求,土地产权所有者权利界定不清、缺乏法律保障,这些都为土地市场实现安全、稳定交易带来阻碍,导致市场机制无法对农村土地资源实现基础性调节作用。因此,加速农村土地改革、突破旧有土地制度对完善社会主义市场经济体制提出了迫切要求。

---

① 梁亚荣、陈利根:《我国农地所有权制度的变迁与创新》,载《华南农业大学学报》(社会科学版)2006年第2期,第25—31页。

（二）农地产权制度改革是建设小康社会的必要

要想实现全面建设小康社会的总体目标，必须处理好"三农"问题，毋庸置疑，农地是"三农"问题的重要物质支撑，随着社会发展，农地的功能也不断被赋予新的意义。农村土地的首要功能已由为农民提供日常生活所必需的农作物、保障农民生活温饱演化到为农民提供符合市场需要的质优农产品、提高农民收入及生活水平这一更高层面。即农地的首要任务已由社会保障功能转为生产要素功能，前者侧重于通过行政手段调节、促进社会公平，后者则更高一步要求合理利用市场机制提升资源配置效率。只有通过完善制度设计，尽可能释放土地的生产要素功能，才能促进农业发展、提高农民生活质量、实现社会和谐发展。

（三）农地产权制度改革是可持续发展的必要

经济社会可持续发展是我国基本发展战略。对于农地制度制定者而言，通过改革农地产权制度实现农村土地资源可持续利用具有现实意义。受意识形态及法律法规缺失等因素影响，农村土地资源的短视滥用行为频频发生，不胜枚举。一方面农业人口的持续增长加剧了农地的供需矛盾及分配不均现象；另一方面农业生产者为追求眼前利益不惜杀鸡取卵、竭泽而渔挥霍农地资源，导致农地质量下降、规模骤减。要想实现农地的可持续利用，必须转变农民对农地的生产经营态度，使之意识到农地资源的重要性与稀缺性，以促进农村土地产权改革。

（四）农地产权制度改革是农村产业结构调整的必要

深化农村土地产权改革对优化农村产业结构也发挥了相应的作用。提高农村土地资源的利用效率对农业和农村经济结构的战略调整起到了支撑作用。农村产业结构调整必须兼顾市场规律、自然规律与农民利益三方因素，而并非只是政府或集体单方意愿的体现。通过进行农村土地产权改革，协调集体与农户个体双方利益，明晰土地产权、加强法律保障，才能确立农民在农村经济结构调整中的主人翁地位，才能激励农民的生产积极性，确保政府所制定政策的顺利实施。

（五）农地产权制度改革是工业化与城市化发展的必要

工业化、城市化与"三农"问题联系紧密,工业反哺农业,城市支持农村政策的实施很大程度上涉及农村劳动力与农村土地的转移。农村人口城市化的过程,反映了农村劳动力脱离农业生产、农村人口离开农村土地的趋势。因此,农村土地政策对城市工业化发展,协调农业产值与农村劳动力就业向城市同步转移起到指引作用。当今,影响城市化发展很大一个因素即为农村土地制度上的局限。由于农民不具有独立、完整的土地产权,农村剩余劳动力在选择脱离农业生产生活方式时,往往要做出极大牺牲,即无条件放弃土地产权。因此,更多的农业人口徘徊于城乡边缘,失去了作为农业生产者或城市居民所应有的生活保障。模糊的农村土地产权关系为政府征用土地、农村人口流动上带来了诸多不便,阻碍了工业化与城市化进程,影响了农村改革发展进程。

（六）农地产权制度改革是农业国际化发展的必要

在农业国际化,特别是加入 WTO 的背景下,深入农村土地改革已迫在眉睫。然而,我国农村经济体制离 WTO 的要求还有很远的距离。尤为明显的是农民土地财产权的缺失,因此导致的农村剩余劳动力滞留、劳动生产率与农地产出率低下、农产品缺乏竞争力等后果严重制约了我国农业经济的发展。因此,只有深化农村土地改革,重赋农民土地产权,扩大农业经营规模,提高农地生产效率,才能适应我国农业向国际化发展的需要。

第二节　我国农地集体所有权的产权性质分析

一、当前农地集体所有权制度缺陷的分析

新民主主义革命能取得胜利的关键所在即为顺应民心、代表民意。新中国成立以来,百废待兴,经过几十年来的发展,人民的生活水平得到了有目共睹的提高,但受困于要素稀缺以及制度缺陷,全国人民的温饱问题并未得到全面解决,相当一部分人仍在贫困线边缘苦苦谋生。

"以家庭承包经营为基础,统分结合的双层经营体制"构成了当前我国农村基本经济制度的基础。现行的土地家庭承包经营制度在一定程度上赋予了农民权益,调动了农民生产积极性,却并未触及集体土地产权结构这个深层次问题,一直以来,作为弱势群体,广大农民并未真正获得独立、明晰、受法律保障的土地权利,现行的土地制度并未让农民产生归属感与对农地的主人翁精神,近年来频频发生的"圈地运动"导致农地大量流失,这不仅是对农民权利的侵蚀,甚至进一步激化了人地矛盾,危害到农民生活的稳定性。

从我国宪法可以看出,我国农村土地的所有权归属于村集体或农民集体,1998年国家土地管理法确定农民集体指乡农民集体、村农民集体和村内两个以上农业集体经济组织,包括由原基本核算单位的生产队延续下来的经济组织。因此,根据相关法律规定,我国现行的农地所有权权能由乡(镇)、村、组三级集体共同行使,这也是我国现行农地所有权的最大特点。正是农地所有权的这种三级共同行使的特点(性质)实际上造成了我国现行农地所有权的若干缺陷,例如:所有权主体虚置的格局,在一定程度上使得农民在农地上的部分私有产权落入共有领域,成为无主产权,导致农地产权收益流失或者被瓜分;片面强调乡(镇)、村、组三级集体范畴内的任何一级集体组织作为农地所有权主体都可能会给农地的占有、使用、流转带来政策上的混乱。① 下面对此进行具体分析。

(一)集体土地所有权的产权主体设定存在缺陷

我国现有法律规定:"农村和城市郊区的土地,除由法律规定属于国家所有的以外,属于集体所有。"对于规定中的集体界定仍有失准则。如《民法通则》中的集体为乡(镇)、村两级,而《农业法》则界定为乡(镇)、村或村内农村集体经济所有。这里的集体究竟为两方主体还

---

① 秦岭:《我国农地制度改革观点评析》,载《农业经济》1998 年第 2 期,第 1—4 页。

是三方主体并没有达成共识。另外,对于集体权限规定方面也有较大出入。如新《土地管理法》中规定村民管理委员会拥有对村民所有土地的经营管理权,而《村民委员会组织法》中却否认了村民委员会的这一权利。由村农民集体、村集体经济组织、村民委员会、村内农村集体经济组织、村民小组、乡(镇)农民集体、乡(镇)农村集体经济组织等多种土地所有权主体所组成的"集体"着实令人费解,在这种情况下土地产权根本无法得到保障。在农村土地集体所有制中,乡(镇)、村、村民小组在不同程度上都是农村集体土地产权的所有者代表,在权利的实施过程中,常出现产权主体为谋求私利争夺土地所有权,导致广大农民的利益不断被多方集体蚕食,农民的土地产权利益受损严重,土地产权制度并未达到其应有的效果。

(二)集体土地所有权的权能设置存在缺陷

有观点认为,集体公有制作为一种国家控制但由集体来承受其控制结果的制度安排,不仅损害了监管者和劳动者两个方面的积极性,其要害是国家行为造成的严重产权残缺。(1)资源配置的非市场化手段造成产权残缺。一方面,城市化进程的加剧造成大量农耕用地被占,农用土地的稀缺影响了农地的资源配置效率,制约了农民收入,剥夺了农民权利。另一方面,现行法律过多的维护政府征地的垄断权,非农自用建设土地国有化的准则禁锢了农村集团或个人对非农建设用地的转让,土地的市场价格调节失效。在现有制度安排下,集体土地收益权和处置权在政府的干涉下是不完整的。(2)对公共利益界定的模糊导致征地行为的泛滥。农村集体土地不能直接进入市场,所有权只能单向流转。新《土地管理法》第二条规定:"国家为了公共利益的需要,可以依法对集体所有的土地实行征用。"现实的状况是,绝大多数的集体土地所有权向国家单方向转移,由于法律规定中"公共利益"定义的不明确,当政府面对征地所带来的巨大利益时,任何行为都可以挂上"公共利益"的旗帜,畅行无阻。因此,土地所有权的转变究竟是用于民还是用于私,究竟能造福人民,还是沦为某些政府为了一己之私,使用的所指定的缺乏操作性与公平性的手段。

（三）农村土地集体所有权的非市场化转让存在缺陷

由于土地征用的国家强制性，农村土地集体所有权的转化失去了市场机制的调节，影响了其经济效益。现行的《土地管理法》更多地体现了国家的限制权力，例如在农村土地集体所有权的流动，农村土地的用途上，国家具有绝对的掌控权，以低价从农村集体或个人处征地，加以初步整理改造后再以高价卖出赚取高额利润的情况比比皆是。通过各种低买高卖的土地非农化过程，国家不仅可以收获高额差价，还可无形地将农民的集体土地所有权变更成国家所有权。随着时间流逝，土地资源的稀缺性增强，所属权集中，国家仍可分享所征用农地的增值收益。尽管现行的法律对失地农民或集团有一定的补偿，但事实上土地的使用权、收益权和转让权等一系列权利已失去了长期有效的保障。补偿的标准也仅仅是由国家单方面所决定的，农民集体或个人的话语权相当微弱。

二、理论界关于进一步深化农地所有权改革的主要观点与评析

（一）主要观点

对于我国现行农地所有权存在的缺陷，尽管学术界观点各有不同，但有一点基本认识是相同的，即间接或直接地淡化直至废除农地集体所有制，给予农户更多的具有所有权特征的永佃权或财产权。有此共识而形式各异的观点主要有三种：半私有化（其中有两种代表性方案：给农户以永佃权，只要农户能不断地缴纳佃租，不但可以永久性耕种土地，还可继承、转租或出卖永佃权；给农户以物权，具体包括占有权、使用权、收益权、抵押权和留置权等）；完全私有化；完全国有化。

（二）对上述改革思路的简要评析

首先，从半私有化的两个方案看，给予永佃权，这种产权关系优点在于彼此都可以转让，且不影响两方面的稳定性与积极性。但在现实中存在几个问题：第一，社会主义农民还要交地租吗？第二，找不到"地主"的代理人。乡政府是基层政权，不能行使经济所有权的职能；

村委会仅是村民自治的议事机构,不是有法人资格的经济组织,与土地的所有权更毫无关系。所以这种观点是很不现实的。给予物权的方案,这比上述观点要前进一步,农民基本有了财产权。但缺点是并不能说明该如何处理与村集体间的关系和明确取消集体所有权,到最后,仍然是集体所有权占统治地位。①

在上述方案中,需要重点关注的是完全私有化方案与完全国有化方案。据相关学者的见解,农地私有化能在两个方面促进农地绩效:一是激励农业投入从而提高产出;二是使农地优化配置。而农地国有化能化解公共产品建设对土地需求的困境,在资源配置上又可以避免市场机制失灵造成的对资源的浪费和无序现象。这好像私有化和国有化所要解决的都是相同的问题,如果真这样,私有化和国有化的争论就毫无意义了。其实不然,上述观点都共同隐含了一个需要证明而又不存在的前提,即市场体制、机制都非常完善,交易费用为零。如果从社会经济转型与市场条件、交易成本与集体行动的逻辑等方面展开进一步的分析,那么两种方案似乎都有值得进一步商榷的地方。

1. 对私有化方案的评价

反对私有化观点的研究者理由是:以离开甚至推翻土地公有制基础的方式所进行的农村土地权利研究是没有任何现实意义的。在我国进行农村土地权利体系研究的前提必须是坚持土地的公有制,这是历史和现实证明了的。② 抛开私有化方案在政治制度与意识形态方面的阻力暂不讨论,从经济效益而言,私有化方案也有值得考虑的地方。私有产权是最优的产权安排,隐含着下述条件:经济充分自由、市场体系完备、市场信息对称、市场机制完善。其实,人类社会发展至今,没有任

---

① 杨晓达:《我国农地产权制度创新的一种设想》,载《农村经济问题》2004 年第 7 期,第 29—33 页。

② 秦勇:《我国农地产权制度的反思与创新》,载《改革与战略》2007 年第 4 期,第 101—104 页。

何一个像想象中的绝对纯粹的市场经济体制和机制的发展阶段,市场和政府任何时候都在共同影响着经济决策、经济运行和经济发展,所谓纯粹的市场经济只存在于观念之中。因此,农地产权私有化的有效性是要受到极大制约的。

2. 对国有化方案的评价

首先,就现阶段农村实际而言,土地实行国有化的时机尚未成熟。一方面,目前农村生产力水平低下且发展极不平衡,追求土地国有化,脱离我国的现实国情;另一方面,现阶段,绝大多数农民把土地视同安身立命之本和最后的生活保障。若强行推进国有化,只能意味着国家对农民土地的剥夺,在有9亿农民的中国,必将造成农村乃至全国的社会震荡,极易引发难以预料的社会危机。①

不仅如此,产权流转应让市场机制调节,进行依法、自愿、有偿交换。农地产权流转不能忽略所有权这个最基础与最重要的权利,否则,无论是出让方还是受让方的利益都会受到损失,出让行为也会变得混乱无序。从历史上看,农地的产权应该归属于在此世世代代耕作劳动的农民或不断为其投入要素使之能发挥效用的土地经营管理者。"耕者有其田"是有史以来维持农业得以延续,不断发展的前提条件。进行农业生产的农地应该归属农村的集体或个人,只有非农用地才可由国家管理者进行规划利用,国家只应对非农用地拥有所有权。

从经营机制理论看,微观经济体制所有权与经营权的分离有利于机制运行,所有者与经营者一方面可以彼此更清晰明确地认识处理生产经营利益分配等方面的分歧,另一方面有利于建立一种互惠双方的公平透明的机制体系。然而,从国家宏观层面上看土地所有权的归属,却是国家这个单一的所有者与成千上万各不相同的土地经营者之间的协调交涉,国家与土地经营者之间不存在直接的投资与聘用关系,双方

---

① 梁爱云:《对我国农地产权制度改革的思考》,载《柳州师专学报》1995年第4期,第7—11、58页。

的经济利益关系也不是休戚相关,因而双方之间最基本的促进与约束机制不复存在。因此,所有权与经营权分离的机制并不适用于土地所有权的归属问题。

其次,土地国有化方案不可避免地要遭遇集体行动的逻辑困境:即国家如何在不同的农地经营者中有效地配置农地,农地经营者之间又如何高效地实现彼此的协作(如农业结构如何安排),上述关系所产生的运行成本怎样摊付等。

(三)农村集体土地所有权改革的深层次分析

虽然目前土地所有权为农民集体所有,但因其既不足以调动农民积极参与集体的经营管理(目前我国的农民集体性质决定了农民难以视其为真正意义上的利益代表),也不利于实现农民的土地权益(存在大量集体截留或侵吞农民利益的现象),因此导致现行的农地资源配置不具有经济效益,存在一些缺陷。① 农地集体所有制本身存在固有的制度弊端,但是如果将农村改革的全部问题都归咎为集体所有制,认为只有改革了集体所有制,其他所有问题才可以"迎刃而解"的主张同样值得商榷。

在前面的分析中已经指出,农村经济结构转型始自1978年的农村改革,集体所有、家庭经营的农地体制所存在的依据在于:集体所有在某种程度克服了要素私有的弊端,尽可能地体现均分思想,而家庭经营则将劳动付出与所得划分成以家庭为单位,更有效地激励农民多劳多得。尽管随着时代的进步农民的物质生活水平得到了提高,能为广大农民带来收益的不再仅仅只有辛劳耕种,土地也不再是所有农民唯一的衣食父母,但土地的社会保障功用对于农民来说却显得越发重要。鉴于当前的国情,土地的制度安排取决于农村的基层政治制度,当今农村的法定主体由行政、经济、社区管理三者共同承担。陈剑波认为"村委会三位一体的矛盾角色是农民财产和利益保护陷入危局的真正原

---

① 胡存智:《构建农用土地产权新体系》(上),资料来源:http://www.macrochina. com. cn/economy/lltd/20010703011394. shtml,2001 年7月3日。

因。"①《村民委员会组织法》第五条规定:"村民委员会应尊重集体经济组织依法独立进行经济活动的自主权……"随后又指出"村民委员会依照法律规定,管理本村属于村农民集体所有的土地和其他财产……"因此,陈剑波指出的"法定体制"是一个有政府代理人、集体财产法定代理人及公共事务管理者三重模糊的概念,进而造成了一系列委托代理难题。无论基于现行的法律法规要求还是生活中所面对的现实,农民不可能自由交易所有的土地,不可能根据自己的需要将土地变现。即使真的产生土地的交易转换,交易的条件细则也由村委会及其上级制定裁度。广大的基层农民并不具有对土地的处分权,村委会行使集体产权代理人这一角色在土地所有权与经营权分离的现状上越发漠视了农民的权利与自由。土地的资源利用效率也受到这一农村基层政治制度的无形制约。显然,这些已经超越了集体土地所有制本身的范畴,进入到更深层、更广阔的改革空间了。

从目前来看,最重要的是在进一步明确农地所有权主体、划清集体所有权边界的基础上,完善农地家庭承包经营制度。事实上随着经济社会的发展,我国农地产权改革卓有成效,取得了一系列令人欣喜的成果,为农地产权改革的出路指明了方向,如山西吕梁"四荒"拍卖、广东南海土地股份制、山东平度"两田制"等,极富创造力的广大农民和基层干部通过引入市场机制,立足实际需要,为农地体制注入了新的产权意义。今后我国农村土地改革的方向,仍需依靠广大群众的力量在实践中不断摸索,在实践中不断创新,在实践中不断完善。

三、进一步深化农地所有权制度改革的基本原则

从历史变迁与当前现状出发,彻底的公有制或者私有制都不可能成为农地所有权改革的现实方向,进一步深化农地所有权制度改革,只

---

① 陈剑波:《农地制度:所有权问题还是委托—代理问题?》,载《经济研究》2006年第7期,第83—91页。

能在集体所有制的框架下进行,它需要遵循以下四个基本原则:(1)农地制度安排应该适应生产力和社会现实条件,我国农业现代化程度与日俱增,生产力水平得到极大的提高,社会主义各项法制建设逐步完备,尤其关于维护人民所有权的法律日渐完善。这一切都为我国农地所有权制度创新提供了完备成熟的宏观环境。(2)农地所有权制度创新同样应力求公平与效率的和谐统一。集体土地所有权制度改革应在维护广大农民的基本利益、维护社会和谐稳定的基础上,更好地优化和提高土地的利用效率,科学的权衡国家与农民、所有权与使用权者之间的权利义务。(3)切实保障农民的土地权利是农地所有权制度改革的基石。农民是直接的生产者,农地的生产效能能否更好地释放出来直接取决于农民的积极性,因此,只有农民的切身利益得以重视,得以维护,农民感到"劳有所值""劳有所靠",他们才能具有创新的动力,农地所有权制度的改革才有绩效。[1]　(4)以国家法律法规形式行使的农地产权制度必须为农民有效地认知。宏观层面的产权制度应该与微观层面的产权制度相融合,适用于国家普遍的法律法规应该为区域内农民留有余地,允许他们根据自身特殊情况进行调整。[2]　农村集体所有制土地制度创新与农村新型合作经济组织制度创新配套;与农村产业结构调整配套;与农村土地整理配套;与社会主义新农村建设配套;与农村基层民主政治制度创新配套。

四、进一步深化农地所有权制度创新的具体措施

当前我国农地所有权制度还存在诸多问题,如所有权主体不清、农民权益未能得到充分保护等。结合当前的实际情况,应采取以下措施

---

[1]　梁亚荣、陈利根:《我国农地所有权制度的变迁与创新》,载《华南农业大学学报》(社会科学版)2006 年第 2 期,第 25—31 页。

[2]　洪名勇、施国庆:《欠发达地区农地重要性与农地产权:农民的认知——基于贵州省的调查分析》,载《农业经济问题》2007 年第 5 期,第 35—43 页。

对我国农地所有权制度作进一步的完善。

（一）构建合理的物权制度

作为最重要的不动产权主体，土地制度必须与整个物权制度相协调。政府应该明晰农地所有权制度和农地使用权制度的联系与区别，通过法律法规规范所有权制度、用益物权和担保物权制度等，巩固整个物权制度的基础，完善我国土地制度。

（二）集体农地所有权的确权和管理

首先要明确农地为集体所有，村民小组为农地所有权行使主体，形成以村民小组为法人小组主要行使主体权利，避免村民委员会对农地所有权利的滥用。其次，明确乡、村、村民小组经济组织各自的权利范围，并以一定的法规形式加以确认。总之，所有确权和管理制度都应保障集体农地使用与分配的公开透明性，确保集体成员的土地权利得以最大化体现。

（三）集体农地所有权能的扩展

首先，应确保所有者的收益权，只有收益权得到充分有效的保障，所有权才不仅仅是一个法权，而是经济权。土地收益权的行使应受到集体成员的监督，以防止私人挪用集体土地收益。

其次，应落实集体农地处分权。从我国土地制度发展现状来看，尽管现行立法并不允许自由转让集体农地，但随着集体经济组织和集体土地所有权逐步完善，农地处分权将逐渐被赋予给农民，例如当集体经济组织出现破产、迁移等情况，应允许集体经济组织部分或全部转让其所有的农地。转让的过程应得到政府的批准，转让的权责、受让者的资格等也应受到法律法规的限制。①

（四）加强对集体农地所有权的保护

首先，对于土地产权、土地承包经营权和其他土地权利等进行统一

---

① 梁亚荣、陈利根：《我国农地所有权制度的变迁与创新》，载《华南农业大学学报》（社会科学版）2006 年第 2 期，第 25—31 页。

登记,避免因为重复登记等带来不动产权相互间的冲突、录入效率与资源上的浪费,切实保护不动产权利人的利益。

其次,在权利的行使与保障上无论是国家土地还是集体土地都应讲求公平公正,一视同仁。对集体农地的保护方式,应包括公力保护方式(如请求法院通过诉讼程序保护)与私力保护方式(如物上请求权、正当防卫、紧急避险、财物自助行为等)等一系列完整的物权保护方式,尤其对于集体用地这一容易被忽略的物权所属更应加以重视。①

第三节　我国农地所有权股份制改革探索

为适应"三农"的形势需要,在前文所述进一步完善集体所有制的基础上,可以进一步探索农地所有权的股份制改革,以股份合作为机制,一方面真正落实农民对土地的公共所有,另一方面则是能够以这种公共所有者的资格分享由合作带来的效益增值。

一、我国农地产权制度股份制创新的必要性

早在 20 世纪 50 年代初,"土地还家"的土地改革政策就通过国家强制力将地主手中的土地产权转移至农民手中。农民获得了相应的耕地,"耕者有其田"的理念使广大农民备受鼓舞。代表产权的"土地证"成为切实有形的法律凭证,农民凭此可以对土地进行自由生产交易,农民的利益得到了强有力地保护。尽管随后近 30 年的农村"高级合作社"时代打破了这种"耕者有其田"的局面,农民为之欣慰的"耕者有其权"的日子不复存在,但历史证明,这种不成熟的农业合作化运动在我国并不成功。在这 30 年里,合作社制度下的土地产权几乎为集体所垄断,农民个人由于没有支配权与剩余索取权只能空有"所有者"的虚名。这一期间法律对于土地所有权的归属界定也几乎是空白一片。这

---

① 周林彬:《物权法新论》,北京大学出版社 2001 年版,第 258 页。

一困境伴随着中共十一届三中全会的召开有所缓解,国家开始重视对农地产权制度的改革,希望通过家庭承包责任制让农户在农地产权体系中重新拥有经营权和收益权。历史事实告诉我们农地所有权不能为集体或国家所垄断,农户应该拥有属于自己的所有权利。

建立土地股份合作制,深化土地集体所有权的股份制改革。土地集体所有权的股份制改革符合建设我国特色社会主义的本质要求。通过股份合作,弱势的一方可以通过相互合作的方式保障自己的利益,并努力达到共同富裕的目标。土地集体所有权的股份制改革有利于产权物权化。通过股份制合作形成一种类似公共所有制性质的联合体制度,将所有权、经营权和其他产权内容联结起来。以法律形式明确的所有权并没有在联产承包责任制中完全体现出来。从市场培育与加强竞争力的角度上看,土地集体所有权的股份制改革有利于完善市场体系建设、培育市场主体和促进市场机制的发育。站在农民的角度,股份制有助于将分散的人力物力联合起来形成农产品生产与销售上的竞争力。历史上,我国几次土地私有化的做法都并不成功,无论在形式上还是实施上都与我国社会发展目标不相吻合。从政策层面上来看,土地股份合作制有利于缓和政府与农民的矛盾,政府通过涉入市场对市场进行有效调节。土地集体所有权的股份制改革有助于农村规模经营的形成,通过对生产要素、信息资源等的整合,打破了零碎分散所带来的局限,维护了区域范围内农户的整体利益组织与经营机制。股份合作弥补了由于所有权和经营权的分离为农民所带来的基础设施建设和公共物品供给方面的缺失,平衡了规模经营与效益增值的相互作用。在"集体"这一经济所有制总的政治层面不变的基础上,股份制对我国土地制度起到了很好的调节作用。①

----

① 孙津:《解放土地:公共所有与股份合作》,载《当代世界与社会主义》2004年第6期,第109—113页。

二、农地所有权的股份合作制改革需辨明的两点

(一)农业生产力高度发展阶段是否只能适合公有制

有观点认为,在农业生产力水平相对较低的时期实行集体所有制并不适宜,但在农业生产力水平较高时期,农业生产又遵循市场机制,走向规模化、集约化的企业经营。诚然,农地产权制度必须与农业生产力发展水平相适应,国内外经验暗含这样一个规律:与高度发达的农业生产相吻合的组织结构是大规模的家庭农场、股份制农场及跨区域和跨行业投资的农工贸结合的股份公司。尽管各地实情有所差异,但在所有权的归属等核心问题上,却都受到清晰的界定和严格的法律保护。在这种条件下国家与农户,所有者与经营者的矛盾冲突得到有效地改善。因此,这些农业发达国家的经营机制、制度框架和发展成就,说明农业生产力高度发达的阶段不一定只适合公有制,也可为我国农业发展提供可借鉴之路。

(二)股份制不等于私有制

土地制度创新,关键在于如何明晰产权。股份合作制的投资主体基本是个体、私营经济,每一股份都具有明确的私有属性。因而上文所提到的国外的股份制农场、公司也属于私有制范畴。私有属性对生产经营积极性的调动具有积极作用,但其所带来的负面影响也不容忽略。十六大更明确提出混合股份制是公有制的主要实现形式,除了具有公有制形式的国有股和集体股,还存在各种各样私人资产所有者,无论公私,都在"联合生产、联合经营、风险共担、利益分享"的经营规则下实现社会资本的增值,这样才能打破私人资本各自为政的局限。只有实现所有权与经营权的适度分离,各投资主体产权与收益的分配才能公平明晰,土地制度才能完善。

三、通过股份合作制实现对集体土地所有权的改造

农村土地所有制度创新应以产权层面为着力点。可以考虑这样一种农村土地集体所有股份制:即作为集体成员的农民持有股权,并以此

作为分红凭证,集体则作为所有者拥有所有权,统一协调管理土地的经营运作,这样,一方面农民的集体成员权益或农民作为土地集体所有者的身份可以股权形式得以明确,农民对于集体所属的土地价值更深入了解,自己的努力程度与可获取的利益紧密联系,避免了某些农民"搭便车"的投机心理,促进农民在生产上的自主创造性。另一方面也可以规避土地私有制所带来的种种弊端,因为土地所有权主体是单个法人而非单个的农民,权利的行使取决于法人而非农民个人,继承了过去传统土地集体所有制的优点。尤为突出的是它实现了集体土地的社会保障功能与生产要素功能的分离,尽可能地兼顾了效率与公平,对土地的流转与经营都能起到行之有效的规范作用。① 具体的做法体现在:

1. 归还农民土地所有权。土地的经营权、收益权与所有权应三权合一成为完整的农地产权体系,在国家的统一调控下,独立于任何组织与个人。在完善现行的家庭承包经营的基础上,承包农户在享有承包地应有的一切权利之余,承担与之相应的责任,权责在法律法规下达到统一,而不受他人的干预、限制。

2. 私有财产应作为国家保护的重点。土地所有权制度应对农地承包中涉及农地产权各方面的权益进行严格保护。国家应统一完善现行的法律法规,对征地的规模、用途、交易价格及相应补偿做出严格详细的界定,规避政府机构在此混淆概念,谋取私利。例如土地的交易价格应尽量参考市场需求而不应由政府单方面决定,对农民的补贴方面,国家应保证补贴款直接有效地落实到农户手中。

3. 充分发挥市场机制对农地资源配置的基础性作用。放宽农地交易的种类,农耕地、农户住宅用地、荒地等均可进入交易市场,进行租售、抵押等活动。在土地价值的评估方面,发展土地交易中心、地价评估事务所等独立于政府和农户的中介组织和协会,力求交易的公平公

---

① 盖国强:《新阶段农村土地制度改革目标是建立现代土地制度》,载《山东农业大学学报》(社会科学版)2004 年第 2 期,第 5—9 页。

正,培养严谨自律的行业规范,严厉打击强买强卖农地,通过强权暴力阻碍农地自由流转的行为。对政府的行为进行监控,防止职权便利带来的灰色交易与暗箱操作。

4.尊重市场调节作用,但并不放任自流。对于经济领域中出现的市场失灵与市场缺陷,国家应加以调控干预,在保持土地交易流转顺畅的基础上,对于某些因为自然因素或不可抗力造成的土地生产能力低弱及农户因特殊变故无法再积极有效地进行农业生产的情况,国家应通过财政扶贫或社会保障给予相应的补贴支持。针对当前所存在的农用地资源过多转变为商业用地、生产用地过多转化为经营用地的情况,国家应有力执行规划控制及用途管制。严防过度的企业用地、工业用地所造成的生态破环、资源侵蚀,并制定相应奖惩措施对土地征用者的行为进行约束。①

土地产权制度要适应生产力的发展要求,并给农民带来正当利益,但是由于我国生产力水平和劳动管理者水平差异很大,土地股份制在各地的发展是不平衡的,要允许各种形式的土地产权制度共同存在和发展。此外,还必须尽快建立和完善农村土地市场,加快土地制度法制化进程,建立完善农地地权法律制度体系。

第四节　我国农地所有权转移——
征地制度的改革与完善

一、土地征用的含义及实质

我国土地制度与世界上大多数国家土地制度的根本区别在于:土地所有权的纯公有,即国家所有或集体所有,其他任何主体都只能获取土地的使用权,土地作为社会稀缺资源,当国家所有的土地不能满足社

---

① 杨晓达:《我国农地产权制度创新的一种设想》,载《农村经济问题》2004 年第 7 期,第 29—33 页。

会公共产品建设需要时,国家就会按照相关法律规定和程序,将集体所有的土地转变为国家所有,国家再将其投入以公益目的的公共产品的建设,这便是(国家对集体)土地的征用,在土地征用过程中,分为强制无偿、强制有偿和协商有偿等几种方式。

二、征地的正面效应与负面效应

经济建设与城市化发展离不开土地资源强有力的支撑,商业经营用地所带来的经济效益不是传统的农耕用地所能比拟的。因而农村集体土地被大量征用,归属于农民的土地不断被蚕食。许多地方政府把土地资源看做是上天赐予的生财之宝,大肆挥霍以谋私利,甚至不惜通过价格优势招商引资,全然不顾失地农民的生存安置问题,另外,处于相对弱势的农民无法接受祖祖辈辈赖以生存的土地被占用,迫于生计通过上访甚至非正常手段伸张补偿权、安置权等应有权利的呼声高涨。

应该看到,伴随城市化、工业化进程产生的征地行为对于地区经济的发展具有较大的正面效应,非农建设用地规模的扩展,有力地支持了地区经济的加速增长,土地征用主要用于工业建设和城市建设,同时提高了土地利用率和产出率。

但是同时,失地农民权益受损问题也日益严重。有经济学家指出,随着改革开放,经济体制转轨,政府低买高卖强行征地的行为已使农民蒙受 2 个多亿的损失,这个数字仍掩盖了失地农民迫于生计,"廉价"为新建企业、工厂生产劳动所创造的差额财富。在占地过程中,引发这些问题的原因已不是单一的经济问题,主要由以下几方面矛盾构成:

1. 农地补偿价过低。《土地管理法》规定,土地补偿费和安置补助费的标准,分别为该耕地被征用前三年平均年产值的 6—10 倍和 4—6 倍,两项之和最高不得超过 30 倍。况且,土地的稀缺性和难以再生性更加催化了征地的边际收益递增,随着土地资源供需差额的扩大,征地的价值也会与日俱增,现有补偿规定的不合理性越发突出。

2. 征地者的强势性与被征地者的弱势性形成鲜明反差。在征地的整个过程中,征地者可能涉及政府国土部门、其他相关部门、用地单位、乡镇政府、村、组集体经济组织等等,征地者由于可以单个或联合在征地过程中获取利益,常利用手中职权去维护征地带来的利益链,而作为被征地者的农民,却往往因为信息不对称,缺乏科学客观的估测能力等原因处于交易的弱势地位。

3. 补偿的一次性与农民生存需要的长期性。由于历史原因,我国大多数农民守着农地通过农耕养活全家老小,缺乏其他谋生手段,在获得一次性的补贴款后难以维系今后数十年全家的生计。由于缺乏医疗保险、养老保险等相应的社会保障,失地农民面对生老病死等生活变故往往措手不及。因此,失地农民的未来生存风险较大。

4. 部分农民对土地补偿的预期超出现实补偿。由于理想与现实的差异过大,农民无法接受失地的命运,进而采取不合作态度,引发了政府与农民间的矛盾摩擦,"钉子户"现象屡有发生,甚至会出现一些暴力抗"征"事件。[①]

在我国,土地与农民自古有着密不可分的关系,土地为农民祖祖辈辈提供生活保障,是农民赖以生存、赖以繁衍的希望,农地不仅满足农民最基本的生活需要,还为劳动力解决了就业问题,甚至可以为子女继承,保障下一代人的衣食住行。由于生活惯性,许多农民一时无法接受失地所带来的安居、就业等各方面改变,生活一时陷入了举步维艰的困境。一方面城市化的加剧迫使千千万万的农民失去了土地,失去了土地带给他们的保障,另一方面失地农民又无法得到城市居民所享有的完善健全的医疗、养老和就业等社会保障体系。在各方强权角逐经济利益的同时,被边缘化的失地农民的利益往往被忽略。

---

① 赵志凌、黄贤金:《为经济建设和失地农民权益找寻平衡点——海门市农村集体建设用地的调查和思考》,载《改革》2003 年第 6 期,第 60—63、93 页。

三、被征地农民权益受损的制度成因

受地理位置、资源禀赋差异等因素影响,各个地方的经济发展不可能齐头并进。而土地,这一自然历史所赋予的免费的午餐则让许多人垂涎欲滴,低买高卖的交易让许多政府、企业急不可耐去分一杯羹,唯恐落于人后。抱着通过招商引资带动当地经济发展的良好愿望,某些领导将失地农民的利益受损算作舍小家顾大家的必然需要,况且他们还可以分得看似合理的补贴款。无论是出于何种目的,征地行为都被形容为合情合理、理所应当的行为。

（一）高额利益差催生的征地用地需求

20 世纪 90 年代起,伴随经济体制改革,用地主体由国家逐步向公司企业等个体单位转移,政府通过出售、租赁等形式转让国有土地,土地使用者则向政府缴纳使用土地的相应费用。对土地资源的渴求,所征土地供不应求的市场需要,为征地者提供了巨大的利益空间。地方政府永远在征地行为中扮演主导地位,乐此不疲地追逐着多征地、多卖地、多赚钱的恶性怪圈。

（二）对征地目的的模糊定义形成政策怪圈

征地目的的不确定性为部分地方政府强行征地的行为披上了合法的外衣。《宪法》规定,"国家为了公共利益的需要,可以依照法律规定对土地实行征用"。但《土地管理法》并未对"公共利益的需要"做出明确的阐释和界定,从土地使用者的角度上看,用地途径却受到了极大的限制,"任何单位和个人进行建设,需要使用土地的,必须依法申请使用国有土地","依法申请使用的国有土地包括国家所有的土地和国家征用的原属于农民集体的土地",因此,那些为谋求企业自身发展的经营用地也不得不归为"公共利益的需要",使用政府从农民手中获得的征地。

（三）集体成员多元性造成的补偿分配不均

我国现行的土地法规定,土地补偿费归农村集体农民所有,但我国农村集体农民的身份复杂,极难定义,例如是否包括那些早年因子女顶

替其城市工作、户口落到农村的城市退休职工;20 世纪五六十年代城市下放的人员;以往因征地被安排到大集体企业就业的农民;婚进婚出人员等等,他们是否享受土地补偿费抑或享受多少土地补偿费并没有统一严谨的法律法规标准。另外由于农户家庭成员从老到小的年龄跨度,是否该分得补偿费,应分得多少补偿费实则难以量化,主观或客观原因造成的补偿不均加剧了官民矛盾。

(四)缺乏法律支持的土地流转所带来的困惑

现行的土地法并不支持农村集体土地流转为经营、建设用地。一方面由于流转土地所有权、使用权的不明晰,用地单位对缺乏法律保障的征地心存犹豫;另一方面政府需要妥善安置大量的失地农民,解决因此产生的种种矛盾纠纷,征地收益有可能还入不敷出,当地经济建设也可能因此受到影响。因此,这种自发性的集体土地流转为建设用地的做法并非一种"旱涝保收",万无一失的行为。农村土地流转过程同样阻碍重重。①

(五)征地监管制度存在漏洞

在当前单一的行政农地征用监管制度下,缺乏对地方政府、土地开发商和土地市场各种违法行为的产权约束,在实际监管过程中造成监管缺位的困境:中央政府作为国有农地资源的最终和真正的所有者不能有效地行使委托者的监管权,而农民缺乏显性制度授予的农地发展权,在征地过程中处于信息和权利弱势地位;农地开发合同缺乏产权基础,缺少产权补偿,无法对开发商进行监督;土地市场监管缺位,由于农地征用过程中产权不清晰,农地征用过程无法以一系列完整的产权变化表现出来,同时也无法以符合市场规则的形式进入市场,接受市场的调节和监督。由于农地征用监管制度困境和监管缺位,我国农地征用过程中凸显出征地补偿不合理、政府和开发商非法开发利用农地和土

---

① 赵志凌、黄贤金:《为经济建设和失地农民权益找寻平衡点——海门市农村集体建设用地的调查和思考》,载《改革》2003 年第 6 期,第 60—63、93 页。

地市场运行扭曲等问题。①

四、征地制度改革中的关键：补偿问题

据国土资源部的资料显示,2002 年上半年,群众反映征地纠纷、违法占地问题,占信访接待部门受理总量的 73%;其中 40% 的上访关于征地纠纷问题,这里面又有 87% 涉及征地补偿安置问题。2003 年国土资源部受理的 8000 件群众上访,涉及非法占地和征地补偿安置的占六成以上。②

（一）征地补偿中的理论争论

关于征地价格增值的来源问题,有以下几种解释:一是非农建设可以多角度全方位开发土地潜在性能,使之不仅仅满足耕作需要;二是人们的预期值使然,农地转换成非农用地后,人们会产生收益期待,对农地新用途的诠释促进了人们对土地的投资热情;三是"农转非"的意愿越强,需求越大,土地的增值空间也就越大。

关于农转非自然增值分配的基本论点,目前在我国总共有三类。其一是"涨价归私（农）"论,主张全部土地自然增值归失地农民所有,目前在我国以清华大学蔡继明教授、原国家土地管理局规划司郑振源副司长等为主要代表;其二是"涨价归公"论,主张将土地自然增值全部或基本归国家所有,在历史上以英国经济学家 J. S. 穆勒、美国经济学家 H·乔治和孙中山先生为主要代表,目前在我国以南京农业大学沈守愚教授为主要代表;其三是"私公兼顾"论,即主张在充分补偿失地者之后将其剩余部分收归中央政府所有,主要用于支援全国农村,以

---

① 汤志林:《我国农地征用监管制度的困境与优化——基于农地发展权视角》,载《农村经济》2006 年第 10 期,第 68—69 页。

② 徐秋慧:《农民失地与农地产权制度安排》,载《东南学术》2007 年第 3 期,第 19—24 页。

中国人民大学周诚教授为主要代表。①

以 J. S. 穆勒、H·乔治等学者为首的关于农地转非自然增值分配"归公"论者坚持以土地自然增值的社会来源说为基本依据,他们认为土地的自然增值来源于整个社会的发展,农地转非之后所产生的自然增值应当无条件地归整个社会所有。但增值单方面归土地所有者所有并非意味着整个社会受益,相反,土地所有者相对于广大农民毕竟只占少数,少数当权者的受益显然意味着广大普通人民的不公。因此,农地转非自然增值"归公"论者说到底也是为了维护资产阶级统治者的利益,"归公"不公。正如马克思所指出的,土地国有化带有浓郁的资本主义色彩,这种资本主义社会的"涨价归公"论,并不具有社会主义性质。

针对这种"涨价归公"并不公的理论,部分学者提出了以土地产权完整化为基本论据的"涨价归私"理论,他们认为,现阶段我国农村土地属于作为劳动者的社区集体经济成员的农民所有,征地者必须按照市场价格标准给予失地农民全额补偿,以保护农民的利益不受侵犯,土地取之于民,那么由此产生的受益也理应还之于民,维系广大农民的生存质量是土地所有者的责任所在、当务之急。

区别于以上"涨价归公"或"涨价归私"的观点,周诚教授则提出"私公兼顾"的理论。他认为政府从农民手中征地后,农地转为非农地所带来的自然增值应该首先充分补偿农民,提高现有的补偿标准,扩大现行的补偿范围,在确保失地农民生活水平稳中有升的前提下,剩余的收益可为国家收回,经国家统筹规划用于各地农村的建设,例如尝试失地农村社会保障体系的建立,加强农村耕作劳动力的就业转移,失地农民的安置,子女受教育的保障等等。另外,还要考虑失地农民的其他机会成本,将现行暂时的一次性补偿方式向长期的分批次补偿方式转移。

---

① 吕亚荣:《对于农地转非自然增值分配若干问题的基本认识》,载《中国经济时报》2007 年 2 月 1 日。

这样,可以对上述"涨价归公"与"涨价归私"两种理论取长补短,得到更科学合理的补偿办法。

综上所述,"私公兼顾"有利于平衡各个层次的利益群体,农民的利益不能因为土地所有权的排他性与专有性而受到限制,土地的开发和利用应基于为全体社会成员谋利的根本,因此所带来的利益也应为尽可能多的人分享,倘若仅仅满足土地所有者的利益而置其他相关群体于不顾则会产生诸多不和谐因素,我们要尽可能建立符合统治阶级所要求的社会秩序,同时不能忽视民众的生存权利,有法可依、适度兼顾,才切合实际。

20世纪,英国历史曾出现了这样一种征地制度,即在土地开发权完全国有的条件下,征购土地者以用于农业用途的价格征购农地,但进行土地开发则需将开发增值部分作为税收上缴。这样的做法虽然正面看到征地的巨大增值潜能,但因为费用昂贵也遏制了相当一部分土地交易行为,并不利于农地的开发利用,很快就趋于夭折。因此,如何科学度量土地转型的增值收益,如何对此收益进行合理分配是一项严肃而艰巨的任务,任何贸然行为都有可能产生负面影响,将原有矛盾激化。

(二)关于征地补偿的理论分析

如何在维护政府利益,促进当地经济发展与重视农民群体利益,保障失地农民生存条件两方面进行权衡;如何既能避免耕地过分流失,造成农作物生产稀缺,又能开发土地除耕地外的经济潜能,实现农民生产经营多样化成为土地所有权创新的关键。其中,关于失地补偿,应该提高对失地农民的补偿标准,并让失地农民逐步享受到城市化进程中作为城市居民所能享有的各项保障。

1. 征地费作为农村土地所有权价格形式的理论内涵

根据刘永湘等的定义,农村土地所有权价格是农民集体放弃其法律上所拥有的土地所有权时形成的单位面积土地价格。土地所有权的转移具有一次性的特征。在我国,农村土地所有权价格表现为国家对农村集体所有的土地实行征用时缴纳的征地费用。征地费用是国家对失地农民给予的土地补偿与安置补助,暗含了土地所有权转移的"价格"这一特征。征地过程中国家补偿的费用代表了土地所有权价格。征地费用的多少由国家法律所确认,具有强制性,事实上主要由土地征购者单方面决定征地行为及征购费用。尽管市场供求关系的变化及其他人为因素会影响征地费用,但征地费用基本上受周边城镇土地地价的影响,上下浮动不会过大。现实中,区域内的地价很难为农村集体土地所有者所掌握,信息的不对称,及对未来预期的不准确导致在征地过程中农村集体土地所有者的要价不准,征地双方对征地价格高低的不一致往往导致征地行为的延误乃至流产。这样就造成这样一个局面,政府无法及时征地进行经营开发资源利用,农民空守着农地自身的权利依旧无法得到维护。

2. 目前我国征地费的主要构成

我国的农村土地所有权价格在现实生活中表现为征地费。但由于我国的土地征用费依靠行政管理手段行使,出于政府自身利益的考虑,土地征用费往往制定偏低,远不能代替土地所有权价格,更不足以补偿和安置失地农民的生产和生活。

征地费一般由土地补偿费、青苗及附着物补偿费、安置补助费三大部分构成。其中:对于征用耕地的补偿费,新《土地管理法》规定为该耕地被征用前三年平均年产值的6—10倍。征用其他土地的补偿费标准,由省、自治区、直辖市参照征用耕地的补偿费标准规定。青苗及附着物的补偿标准由省、自治区、直辖市规定,或根据实际情况确定。至于安置补助费,新《土地管理法》规定:"征用耕地的安置补助费,按照需要安置的农业人口数计算。需要安置的农业人口数,按照被征用的耕地数量除以征地前人均占有耕地的数量计算。每个需要安置的农业人口的安置补助费标准,为该耕地被征用前三年平均每公顷年产值的4—6倍。但是,每公顷被征用耕地的安置补助费,最高不得超过被征用前三年平均年产值的15倍。"征用其他土地的安置补助费标准同征用其他土地的土地补偿费标准的情形一样,由省、自治区、直辖市参照征用耕地的安置补助费标准规定。但是,征用宅基地的,不付给安置补助费。新《土地管理法》也规定:"国务院根据社会、经济发展水平,在特殊情况下,可以提高征用耕地的土地补偿费和安置补助费的标准。"国家规定准许加付安置补助费的额度是:土地补偿费和安置补助费的总和,不得超过该土地被征用前三年平均年产值的 30 倍。

3. 农村土地所有权价格形成中关于征地补偿费用标准与范围的讨论

(1)征地补偿费标准问题

随着土地稀缺度的增加、农民对土地投入的累积、农民平均生活水平的提高,农民已不再满足传统的、习惯性的增地补偿标准。因此,农村征地的补偿标准应比照临近的城镇地价,参考其地理位置、人口交通、资源禀赋等多方面因素,进行科学合理的多方面评估,简化补贴过程,尽量将补贴款直接发放至失地农民手中,减少发放过程中产生的折损。

(2)征地补偿范围问题

现行法律法规一般将增地补偿标准定为使失地农民至少保持原有生活水平不变。其实,这一规定有如下问题:一是"失地农民原有生活水平"难以界定,使实际操作没有客观标准,二是这是一个静态的"过去式"的标准,而实际情况是,国家在征用土地之后,往往会投入巨资改善原有土地的状况,使得周边未征地的级差地租大增,相邻未征地农民的"平均生活水平"会极大提高,使得失地农民因失地而陷入相对,甚至绝对贫困。因此,①农民失去的是土地的所有权,从原则上应该支付所有权的价格,国家只需明确其为公共用途征地,其他用途农地一律按照公开、公平、公正的原则进行拍卖(或者是先转为政府所有再拍

---

① 刘永湘、杨继瑞、杨明洪:《农村土地所有权价格与征地制度改革》,载《中国软科学》2004 年第 4 期,第 50—53、137 页。

卖),拍卖所得的绝大部分直接支付给农民,少部分留给村集体组织作公益事业。①

五、改革征地制度,保护失地农民合法权益

有观点认为,改革土地征用制度,会造成土地供应短缺,价格狂升,从而影响国家基本建设和地方经济发展。这是不必要的担忧。事实上,征地费用在国家基本建设或地方经济建设的总投资中所占比例甚少,土地补偿费的增加并不会显著影响整体建设费用。对于私人经营性项目,征地费的增长可以通过农民参股,部分租赁等形式化解压力。至于地方财政收入方面,售地收入本来就不应作为地方财政收入的主要来源,加强地方经济建设也不能通过强买强卖农民的耕地来获取。因补偿失地农民所导致的财政收入减少是利民安民的体现。总之,土地征用制度的改革不会导致土地供需失衡,多方利益受损。征地制度改革,可以从以下几个方面着手:规范征地范围,控制征地规模;以社会保障为核心,以市场需求为导向;合理制定征地补偿费用标准,缩减补偿费流转过程,确保补偿费及时足量发放至失地农民手中;将一次性固定补偿向分批次累计补偿转换;对失地农民实行多元化安置,积极引导农村劳动力接受培训再就业;建立独立的征地评估、监管机构,保证征地工作公平、公正、公开,简化征地批审、开发利用等相关环节。

(一)明确征地的目的

必须严格区分征地目的和用途,与公共用地不同,作为私人经营用地的征地行为不具备国家强制性,必须在已有国家用地规划的框架下,通过与原土地所有者平等协商谈判取得。征地可以采取灵活多样的开发方式,允许农民以使用权入股、承包租赁、参与经营性建设项目的合作开发或自行开发经营等。政府征地要摒弃通过低买高卖牟取暴利的

---

① 岳杰:《专家探求被征地农民补偿合理模式》,资料来源:http://finance. sina. com. cn/g/20050119/08451304325. shtml,2005 年 1 月 19 日。

失责做法,真正将征地行为与当地经济建设紧密联系,通过权衡征地行为对农民生活的利弊加以决定。

(二)改革补偿标准是完善征地制度的关键

1. 征用农地的补偿标准应该根据征地目的加以区分:用于公共利益的土地征用具有国家强制性,补偿标准也该以法律规定的最高标准为基准,并由政府统一制定。用于非公共利益的其他用地则应该根据市场需要,参考地理位置、资源禀赋、周边城镇地价等多方面因素进行协商,尤其应保障原土地所有者的权益。

2. 实行多元化的征地补偿方式。如以农地征地前总产值形成基本定价,再参照其他一系列相关因素加权计算,但此项方式现阶段实施操作性较差,有赖于国家进一步制定详细严格的执行标准。其次,可根据征地目的区分征用土地与征购土地的行为,公用土地采取政府统一规定、强制执行的方式,非公用地则根据市场价格"以购代偿",征购过程应减少政府强制性干预,并加强对政府行为的监管,限制强买强卖,低买高卖的恶性行为。另外,还可借鉴其他国家或地区的做法,对公益性用地项目实行中介机构评估后补偿,对商用用地项目,在不与国家总体使用规化冲突的前提下按市场价格征购土地。①

3. 在征地补偿标准的确定上,建议按权属、面积、地类、产值以及赔偿倍数五个方面来确定征地补偿标准。在有条件的城镇规划区内征用土地可以试行"片区综合价",即由市、县政府根据城镇建设片区所需占用的农村集体土地的类型、地段和整体人均耕地、经济发展状况等基本情况,进行农用地的分等级估价,并结合专家评审等各方面意见,确保失地农民生活水平不降低的基础上,统一制定"片地综合补偿标准"。片区综合补偿标准应报省人民政府同意,并且在公示后严格执行。

---

① 赵志凌、黄贤金:《为经济建设和失地农民权益找寻平衡点——海门市农村集体建设用地的调查和思考》,载《改革》2003 年第 6 期,第 60—63、93 页。

（三）征地必须统一进行、规范管理

为避免征地过程中所产生的强权征占、利益分配不均等行为产生，政府应力求做到：（1）征地主体应是县以上（包含规划区以外的区）政府国土资源行政主管部门。其他非政府部门、集体组织及私人均不得签订征、占地协议，否则视为无效。（2）征地行为应受国家及当地土地利用总体规划约束，无特殊情况不得违反，对失地农民的征地补偿应足额到位并符合法定标准，对失地农民的就业、生存安置应落实到位，否则应追究相关责任人的责任。（3）加强对所征用地的用途监管，科学有效利用土地，防止以公谋私强行圈占及浪费土地。加强对征地的审查审批、价值估算，确保征地补偿过程的科学、合法。对所制定的方案应向上级申报、审批，得到上级部门的监督指导。（4）对于补偿费用的管理、分配、使用过程应加以精简，避免中间环节的截留、损耗。所拨补偿费用最好由拨款单位直接发放到失地农民手中。补偿的数额、标准及办法应做到公示公开，明确于征地主体双方。土地补偿费要做到专款专用，不得挪作他用。

（四）加强土地开发利用管理

针对我国人多地少的现状，每一块耕地都弥足珍贵，每一寸土地都应该合理应用。首先，我们应加大对土地使用的管制，杜绝随意修改、调整地区土地总体规划的个别行为，加强对土地征用的监管，明确土地管理部门的监督处罚权力。其次，应加大对违法侵占土地行为的惩处力度，严厉打击利用职权之便强买强卖的行为。

（五）健全失地农民的社会保障体系

党的十六届三中全会决议指出，"按照保障农民权益、控制征地规模的原则，改革征地制度，完善征地程序。严格界定公益性和经营性建设用地，征地时必须符合土地利用总体规划和用途管制，及时给予农民合理补偿"。为此，积极采取有效措施，完善失地农民政策保障机制、社会保障机制及就业保障机制，切实维护他们的合法权益显得尤为重要。

必须从解决"三农"问题的高度,确立科学合理的农民权益观,健全失地农民权益的表达机制,建立完善保护失地农民基本权益的长效机制。

1. 进一步完善失地农民社会保障

第一,要尽快建立相应的失地农民社会保障体系,扩大被保范围,被征地时的所有在册农业人口均应纳入其中,尤其是劳动力及老年人口;第二,加快对失地农民普及养老、医疗等生活保障,健全社会保障类型,满足不同类型群体的保障需求,建立特别适用于农村的社会保障体系;第三,落实保障资金,满足农民的切身需要。可由政府、集体、社会、农民个人根据实际情况承担相应比例,建立失地农民生活保障基金,为失地农民日后可能遇到的各种生活风险提供保障。政府应让渡征、售土地所获取的高额"剪刀差"利润,造福于当地农民,无愧于"父母官"的称号;第四,在积极开辟资金渠道的同时,加强规范失地农民社会保障基金的管理,做到账户独立,专款专用。不拘泥于单一的筹资方式,在确保安全性的前提下实现投资方式多元化,适当涉足国债及其他各种债券、股票、投资基金、抵押贷款等。另外,将失地农民社会保障基金管理机构独立出来,管理机构和经营机构两个部门相对独立,有利于社会保障体系运行的科学公正。①

2. 完善就业保障机制,积极拓展失地农民的就业渠道

在解决失地农民基本生活保障的基础上,努力提高失地农民的劳动技能,积极拓展就业渠道,解决农民的就业问题。(1)完善社会化职业培训机构,加大对失地农民,尤其是中青年劳动主力的职业技能培训。(2)完善劳动力市场,促进地方经济发展,拓展就业空间,在当地发展一批就业门槛低的有特色的劳动密集型企业。

---

① 鲍海君、吴次芳:《论失地农民社会保障体系建设》,载《管理世界》2002年第10期,第37—42页。

六、积极探索征地制度的创新

积极探索多样化的补偿方式与途径,例如采用土地股份合作制,当征地用于经营性项目时,将农民的土地折价入股,根据项目营运情况每年分红;采用长期补偿方式,确定一个对失地农民的年补偿标准,并随地区经济发展逐步提高标准。

(一)以土地的股份合作改造现有的征地制度

土地变性是现代化进程中不可避免的现象,为使农民在这种改变中不失去土地,可以以股份合作等形式,建立土地产权物权化为主要内容的公共土地所有制,改变现行单一的集体土地向国有土地变性的形式。通过股份合作,农民从土地所有者转变成土地经营合作成员,并以此作为失地补偿。入股的股金可由农民自筹,也可从土地补偿款中抵用。入股农民既可从事直接转出后的土地的经营,也可独立从事其他营生。当然,这种合作方式可能造成人力资源浪费,部分入股农民不需为土地经营建设出力就可直接坐收地租。另外,还可能出现某些经营用地并未取得预期收益,入股农民倾囊投资后却颗粒无收的状况。①

(二)积极探索农民集体建设用地流转机制

集体土地所有权的归属仍是推行集体建设土地流转的未决问题,土地所有者与行使者之间存在权利交叉,名不符实的情况,行政管理方面的改革迫在眉睫。例如有些地区把本地农民的土地所有权和资产管理权集于一个资产管理委员会来行使。有的地方模仿城镇街道居民委员会形式,管理流散的失地农民,另外,上文所提到过的集体土地资产股份化,农民入股经营建设的做法也在许多地方进行了尝试。②

---

① 孙津:《解放土地:公共所有与股份合作》,载《当代世界与社会主义》2004 年第 6 期,第 109—113 页。

② 赵志凌、黄贤金:《为经济建设和失地农民权益找寻平衡点——海门市农村集体建设用地的调查和思考》,载《改革》2003 年第 6 期,第 60—63 ,93 页。

第 五 章

我国农地使用权制度改革探索

第一节　土地承包权与土地使用权的理论内涵

在现行农村土地(主要指耕地)家庭承包经营制度下,广义的土地承包权是指土地承包使用权、土地承包收益权和土地承包部分处置权等,即土地承包经营权。狭义的土地承包权是指,农民作为农地所有者的一分子,所独有的对农地的承包权利。

一、农地承包权的性质:法律规定与理论辨析

(一)国家法律关于农地承包权性质的界定

虽然1978年至1982年期间我国农村实行了包产到户,但是法律对于农民的土地使用权并没有明确的界定和保护,直到1982年党的十二大报告明确指出"在农村建立的多种形式的生产责任制,进一步解放了生产力,必须长期坚持下去"。1986年颁布的《土地管理法》第十二条规定:"承包经营土地的集体或者个人,有保护和按照承包合同规定的用途合理利用土地的义务,土地承包经营权受法律保护。"1987年

施行的《民法通则》也做了同样的规定。法律只对经营权做出了保障，其占有权、控制权和处分权均未能得到有效保障。1993年颁布的《农业法》规定"承包人在承包期内死亡的，该承包人的继承人可以继续承包"，强调的是土地承包权性质，而不是继承承包土地权利。1995年《农业部关于稳定和完善土地承包关系的意见》规定："农村集体土地承包经营权的流转，是家庭联产承包责任制的延伸和发展，应纳入农业承包合同管理的范围。在坚持土地集体所有和不改变农业用途的前提下，经发包方同意，允许承包者在承包期内，对承包标的依法转包、转让、入股，其合法权益受法律保护，……土地承包经营权流转的形式、经济补偿，应由双方协商，签订书面合同，并报发包方和农业承包合同管理机关备案。"这明确规定了承包土地的部分处置权，却没有上升到法律制度的层面。党的十五大和十五届三中全会再次确认家庭承包制不变。1998年修订的《土地管理法》明确了"土地承包经营期限为三十年"，并把土地调整限制在村民会议2/3以上成员或者2/3以上村民代表同意的条件上，但是该法只从行政法的角度对农村土地权利作出简单规范，并不能满足土地承包权物权性质的要求。

（二）关于农地承包权性质的理论争论

通过30多年的改革，家庭承包权由于土地收益分配权、部分处置权和承包期的延长，使其具有了一定的物权性质。但是基本上依然属于债权规范的范畴。而学术界对于农村土地承包经营权的性质的认识则存在着三种观点，除了与当前的法律法规相吻合的债权说以外，还有物权说、由债权向物权转化说。

我们认为目前的农村土地承包权仍然带有债权的若干特征，受到债权性质的影响。这主要基于以下几点理由：（1）农地承包经营权不是纯粹独立和完整的物权。"集体"对土地承包权有最终的话语权。（2）物权的义务主体不是特定的人，债权的义务主体是特定的人。承包权是建立在承包合同基础之上的，体现了集体内部分工分配的关系，权利与义务是对等的，因此，农地承包权又具有债权性质。（3）集体既是所有者又是管理者,在合同制定和执行中居于绝对的主导地位,合同变成了集体所有者的单边统一规制,农民处于不对等、被动接受合同的地位。(4)尽管新《土地管理法》规定了农地承包权可以依法转让,但在实践中承包权的转让还是受到很多限制,而且农村建设用地是不能够流转的。这也说明了承包权具有债权性质。(5)土地的社会功能依然存在,国家作为土地的终极所有者和土地的社会管理者,对土地的政治功能依然存在,对国家而言,土地是一种社会稳定的工具。不仅如此,土地仍然坚持国有、集体所有是一种公有性质,是坚持社会主义道路的体现。① (6)物权法原理认为,登记变更是物得以存在的体现。但农地承包权没有在土地管理机关登记注册。其物权性难以体现。

(三)土地承包权的基本特点

土地承包权的实质是农户从作为所有者的一分子获得相当于股份公司相应的财产权。其特点是:首先,农户的承包权是集体所有权在其成员之间进行财产权益的分割和共享;其次,农户拥有承包权,实际上,实现了其对农地的占有权、使用权、控制权和部分处置权,农户为农地使用权的实际控制人,产权清晰;再次,土地承包权还具有保证农民就业的功能,相当于国家对农民所提供的就业保障资金,在承包期内是农民实实在在的财产,具有一定的物权性质。②

(四)农地承包权的经济实现

作为农村集体经济组织成员享有的承包土地的权利,是一种成员权,由于农民除了土地经营以外就几乎没有其他稳定的谋生手段,只有通过赋予其土地承包权来提供福利保障。土地承包权的本质是所有权成员的生计保障权。

---

① 邓大才:《农户土地承包权的性质变革及制度选择》,载《东方论坛》2000 年第 4 期,第 67—71 页。

② 邓大才:《农户土地承包权的性质变革及制度选择》,载《东方论坛》2000 年第 4 期,第 67—71 页。

二、土地承包权、土地所有权与土地使用权

土地使用权是指自然人、法人或其他组织按照法律的规定,对国家所有的或集体所有的土地、森林、草原、荒地、滩涂等自然资源享有的占有、使用、收益的权利。土地使用权是用益物权的一种,可分为城镇国有土地使用权,国有耕地、林地、草原使用权,农地承包经营权,宅基地使用权等。①

关于农地承包经营权与农地使用权之间的关系,有观点认为承包经营权不能准确反映使用权的内涵。在我国现行《民法通则》中农村土地除了"集体所有权"外,在农用地方面主要规定了"承包经营权"。经营权从其本质上来说应该属于使用权,理应衍生出转让、出租、抵押、收益等权利。然而现实中所体现的土地承包经营权却被削减为耕种权、不充分的收益权以及缺失的处分权。

而作者认为,农地承包经营权是我国现行的在集体或国有土地所有权下一个完整、独立的土地产权形态。其内容包括:(1)农地承包经营期限;(2)承包经营权利的取得和放弃;(3)承包经营模式;(4)承包经营权的流转。实际上,我国现行的农地使用权主要体现为农地承包经营权。正因为如此,有学者认为应规范我国现行农地使用权的表述,把它统一为"农地承包经营权"概念。我国从 20 世纪 80 年代初就开始出现并推广农村土地承包责任制,实行到现在已有 20 多年的历史。经过这 20 多年的演化,农地承包经营制作为我国特有的一种农村土地使用制度,不仅得到了《宪法》与《农业法》的确认,而且土地承包经营这一制度形式在广大农民的心中也确定了下来。因此,本人也认为我国现行农地承包经营权就是我国目前的农地使用权的形式表述。

此外,农地使用权可以把它概括为自然人、法人或其他组织按照法律的规定,对他人所有的耕地、林地、草地,以及其他依法用于农业的土

---

① 彭真明、常健:《论中国土地使用权制度的完善——兼评三部《中华人民共和国民法》(草案)的相关规定》,载《时代法学》2004 年第 1 期,第 86—101 页。

地所享有的占有、使用、收益的权利。农地使用权主要包括三个方面的内涵:(1)土地占有权。这是土地使用者最基本的权利,代表着使用者对该土地的占有与掌控,也是保障其使用土地、取得收益的基础条件;(2)土地的使用、收益权。土地的使用仅限于具有农业性质的劳作,如农耕、养殖、畜牧等;(3)部分土地处分权。根据我国法律规定,农地使用权人不得擅自改变土地用途、私自延长使用期限,在一定的限制条件下,才能转让、出租或继承所有土地。① 农地使用权实际上是依法设在农用土地上为农业性质的耕作、养殖或畜牧的用益物权。因此,其性质表现为:(1)物权性。即某一农地使用权一旦界定给某人,该人对该农地不仅具有直接的绝对支配权,而且对其他任何人以及任何不相容的权利还具有排他性。同一农地上不允许成立同一内容的两个使用权。(2)社会福利性和社会保障性。其特征表现为:第一,限于特定的使用、收益目的。即农地使用权仅限于农业用途——农业的耕作、养殖或畜牧。第二,具有可流转性。即农地使用权在法律允许的范围内,可以继承、转让、抵押、出租。农地使用权的这一特征决定了农地使用权是影响农地资源配置效率的关键因素。资源配置效率实现的充分条件是资源必须具有自由流动性,而农地使用权具有可流转性,因此,它就可以作为一种经济要素进入市场参与交易,在竞争机制的作用下流入到出价最高的使用者手中,在经济理性原则的指导下,该使用者会尽力将其配置于最有利的用途上。不过,现实中农地资源配置的有效性不仅受到农地市场自身特点的影响,而且还会受到农地产权制度安排的影响。② 只有农地产权制度安排得当,农地资源的配置才可能有效。

土地承包权直接是土地所有权与使用权的分离的决定因素,在实

---

① 陈志英、朱勇:《论农用土地使用权》,载《法律科学》1999 年第 4 期,第 75—81 页。

② 陈多长:《中国农地产权制度改革的理论探讨》,载《河南大学学报》(社会科学版)2001 年第 1 期,第 87—90 页。

际生活中,土地所有权与使用权的分离是有条件的,一般情况下,集体
只能按人头平均让渡土地使用权。集体将土地使用权向非集体成员让
渡时,必须经过集体成员的同意。可见,土地承包权与使用权既可统
一,又可分离,但分离是有条件的。具体说来就是农户在拥有土地承包
权的基础上将土地使用权转包出去,使得土地的承包权和使用权分离。

第二节　我国家庭承包责任制框架中的农地使用权改革

一、家庭承包制的确立过程

　　1978 年秋安徽省和四川省个别地方率先恢复包产到组,随后逐渐
遍及全国。其发展进程,大体经历了以下三个阶段。第一阶段是探索
阶段,时间是 1978 年秋至 1980 年 9 月,在这一阶段,我国农民表现出
了极大的勇气、坚定的决心和坚毅的韧性,走革新鼎故之路。1978 年
秋冬,部分地区农民群众自发地进行了"包工"、"三包一奖"、"包产到
户"等责任制,打破了过去"三级所有,队为基础"的"一大二公"的低效
率模式。但从 1978 年底十一届三中全会后到 1979 年 9 月十一届四中
全会前夕,围绕农业生产该不该责任制、实行何种责任制,展开了激烈
的讨论。由于思想认识的不统一,家庭承包制的发展一时受到较大干
扰。但是,各地农民仍然顶着各种压力,以大无畏精神坚持推行联产责
任制,并不断创造一些新的责任制形式。第二阶段是发展阶段,时间是
1980 年 9 月到 1981 年底,在这个阶段,中央下发了 75 号文件,在这个
文件指引和推动下,家庭承包制得到了飞速发展,范围迅速扩大,形式
不断创新,包产到户、包干到户发展最快,联产承包制的发展势不可当。
第三阶段是完成阶段,时间是 1982 年春到 1984 年初。1982 年是联产
到组到"双包"到户转变的关键年。全国 99.5% 的生产队实行了联产
承包责任制,其中,大包干在 98.3% 。到 1984 年,全国所有生产队都
实行了各种不同的联产承包责任制,其中大包干占 99.1% 。至此,家
庭承包责任制变革得以完成。

二、土地"集体所有、包产到户"后的产权性质分析

（一）集体所有、包产到户制度下的国家、集体与农民利益

从土地改革到集体化的农村土地制度改造使农村内部的生产关系、财产所属关系等等发生了巨大的改变，村与村之间的外部关系也有所不同。集体化后的农业生产使农民的耕作对象不再仅限于自己所有或租赁的小块土地，农业生产变成了这样一种方式：集体中的农户在完成规定上交的农产品后统一分配剩余的农产品，成员不仅都可以吃到"大锅饭"，确保基本温饱后再根据公分制折算自己的劳动所得。农村的集体领导者尽管在政权结构中处于最末端，却直接管理掌控着集体成员所应分得的利益，相当于国家政府部门的法规执行者。尽管为集体化所有制结构，社区内资源并不存在排他性而为集体成员所共有。由于国家和集体的利益难以重新分配，集体内部的权责也不易归属界定，这种集体农作制度维持了很长一段时间。

1. 国家对于土地利益的实现与保护

保障国家利益是集体农作制度的基本存在条件，尽管土地所有权的主体是集体，但该制度根据向承包农户分摊粮食征购任务保证国家利益的实现。需缴纳的粮食数量由农户所分得的土地数量及质量决定，另外，当地农地的资源条件与经济发展状况也决定了不同的分配方式。根据农田状况来分摊征粮任务是较普遍的一种方式，以责任田为判断标准而不是以农户为单位征粮具有科学合理的一面。另外，将征粮任务由集体转嫁一部分到农户个人身上也不失为分摊风险的有效手段，这样有利于保质保量的实现国家利益。

2. 集体对于土地利益的实现与保护

显然，农村基层政府对自身集体利益的关注度更高，因此，面对集体农作制度的改革，他们也会更加主动地去应对。为了更好地实现本村利益最大化，部分村领导自然而然地将目光转向了边际收益较高的非农产业而不再拘泥于农耕收入。由此固然可以提高本地土地资源配置效率，但用于非农用的土地来源方式却是向农民征用。农民是否愿

交出祖祖辈辈赖以生存的农地并不能以村干部的意志为转移,因此,一旦出现农民与村基层领导意见不统一的情况,往往都是以无权者的妥协告终。

3.农民对于土地利益的分配与实现

从农户的角度来看,谁对集体土地承担多大的权利和义务往往很难定性定量,权责归属更缺乏法律的支撑保护。因此,实施集体农地制度时,土地资源与土地产出收益的分配常会引起诸多争议。在新的集体农地制度下,作为集体的一员,每个农户都将作为劳动力与生产者,根据其劳动贡献每个成员都享有相应的收益权。集体产权逐步转向以农户为单位,集体中的每个成员都拥有独立的权利,权利被明晰化与分散化,不再像过去由农村生产队统一集中行使集体产权。

(二)农村土地产权分配的主要方式

一个比较理想化的分配土地资源的方式是首先为每个村集体成员分配可以使之维持生计的基本生活用田,在此基础上再为集体中的劳动力额外分配可以令其获得收益的土地。具体的分配方法可以根据当地的生活水平和土地资源状况决定。我们通过以下两种方式来分析当地农户所应得的土地权利:

1.成员土地权利量的决定

可以通过三种方式测定农户所应分得的土地量:(1)将村中所有土地,按人口平均分配,这样,村里的每个成员将平均享有村中土地及其所属权益,这样的分配方式,对当地农民收入水平较低、生活水平较差的农村比较适用。(2)基本生活用田按全村人口平均分配,余下的责任田则按农村劳动力分配。这样的分配方式不再讲求绝对平均。(3)所有土地都按劳动力平均分配,此时,农户所分得的土地权责取决于该农户家中的劳动力数量。这种土地分配方法有利于农地的更高效利用,但普遍适用于生活水平较高的农村,这样可以避免劳动力匮乏的农户因为分不到土地而难以生存的情况。

2.集体土地的分割方式

由于土地质量不同,集体通常采取以下几种方式分配土地:(1)对全村所有土地进行测评,根据土地的距离远近、肥沃程度、面积大小等因素进行质量分类,再根据各农户生活水平、劳动力情况进行分配。(2)采用掐头去尾取中间的方式,将质量最好的地与质量最次的地剥离出来通过在集体中抓阄的形式进行分配,剩下的中等地再在村民中进行均分。(3)先将土地根据质量好坏进行估价,然后将所有土地以随机或自愿认领的形式分配给农户,分得质量较高土地者给予分得质量较次土地者经济补偿。[①] 以上几种分配方式都不可能做到绝对公平、绝对均分。土地的质量测量包括较多的人为因素,质量高低的判断也缺乏科学统一依据。另外,在土地的分配过程中往往会出现职权者的权利寻租行为,导致富者愈富、贫者愈贫。

在经历了20多年的集体化农地制度后我国农村于20世纪80年代初开始实行包产到户的土地分配制度。随着改革的深入,农村土地产权制度也发生了极大的变迁。土地所有权由中央政府集权逐渐下放到地方政府调配。由于各个地方农村经济发展水平、土地资源禀赋差异较大,农村区域内的土地产权安排与利益分配也呈现多样化。随着农村集体的调控权利增大,我国产生了一系列新型农村土地产权结构。区域内农村内部与外部的多方利益主体通过不同方式对土地权益进行角逐。

(三)家庭联产承包责任制改革的本质:产权角度的分析

家庭承包制,打破了人民公社全面集中土地所有权,农民获得了土地经营的承包权,以家庭为单位的分散经营打破了传统的人民公社土地产权关系。

---

① 参见刘守英:《中国农地集体所有制的结构与变迁》,资料来源:http://www.drcnet.com.cn/drcnet.common.web/docviewforsearch.aspx? docid=−2237,1999 年 12 月 10 日。

1. 家庭承包制以统分结合的形式打破了传统的人民公社高度集中的体制。在"统"这个层面上,集体的功能主要体现在对承包地的管理、对非耕地资源的统一经营、对专业承包户进行承包管理、为农业经营提供服务、新办部分公益事业等上面,集体经营部分已极度弱化。生产投入、经营决策和经营方式等集体都不再管,而由农户自主决定。

2. 在超越了旧有的评功记分的计酬方法的基础上,家庭承包制创立了新的分配原则即按照劳动者所创造的最终为社会所承认的劳动效益来分配:"交够国家的":承包农户按承包土地的数量向国家缴纳农业税;"留足集体的":农户按合同给集体上缴提留统筹、公积金和公益金;"剩下都是自己的":农户一年创造的总产品或总产值在做到上述扣除之后,剩余部分全归承包户所得。这种承包制较好地体现了劳动贡献和劳动报酬的正相关关系,更能体现按劳分配的基本精神。

3. 家庭承包制动摇了人民公社的土地产权及其财产制度。首先,它使得集体公有财产权能结构发生了分离。家庭承包制虽然没有彻底否认集体对土地的所有权和处置权,农户只有经营权,收益权在集体和农户间分割。但是,这仍然给传统的农地集体所有打开了一个缺口,随着承包权的长期稳定并逐渐刚化,使得农民对土地通过承包权的垄断而获得了部分所有权。从历史上看,我国农村土地产权制度的基本特点是私人所有制。其次,在家庭承包制的基础上,农民得以重建家庭私有财产。1978 年以前,农户基本上不能构成独立的财产主体。家庭承包制以及由此产生的以家庭经营为基础的双层经营体制,在坚持主要农业生产资料公有的同时,农民有了部分生产资料所有权,使农民具有了从事分散经营的物质前提,尤其是农民对剩余产品的所有权和支配权,使其具有了积累私有财产的能力,农户逐渐成为一个拥有一部分生产资料的财产主体,激发了广大农民的劳动热情与积极性。

三、家庭承包制对农村生产力发展与国民经济发展作出的贡献

首先,家庭承包制以家庭血缘为纽带,增强了生产单位的凝聚力和向心力,更能合理安排内部的一切经营活动。其次,家庭承包制使生产经营单位的适应性、灵活性增强,同时,使驾驭耕畜犁耙等手工工具能够得到充分利用,比生产工具"归大堆"时候的使用效率更高;家庭承包制以劳动的最终效益作为分配尺度,具有利益激励机制,农业生产积极性、创造性得到极大的激发,为我国农民致富奔小康提供了切实可行的路径选择。

(一)家庭承包制促进了农业生产的发展

家庭承包制的实施使我国之前不适应农业生产力发展的农业生产关系得到了调整,农业经营方式得到了变革,农民生产积极性得到了激发,我国农业生产得到了飞速发展。在林毅夫看来,1978 年到 1984 年,各项改革所致的生产率变化构成产出增长的 48.64%,在各项改革中,从生产队体制向家庭承包联产责任制的转变是最重要的,仅制度改革一项就使产出增长了约 46.89%。①

(二)家庭承包制促进了农村商品经济的发展

家庭承包制在两个方面促进了商品经济的发展,一是打破了传统统购统销的产品经济购销模式。统购统销虽然在短缺经济背景下的计划经济时期起到过缓解农产品供求矛盾的作用,但这种购销模式根本忽视了价值规律对生产、分配、消费的调节作用,人为的延长了短缺周期。统购统销被打破,为农产品的产、供、销引进价值规律提供了条件,而价值规律是商品经济的基本经济规律。二是由于农业生产的发展,农产品产出的增加,使农民手中可变为商品的剩余产品增加,就为商品交换的发展提供了物质前提。

---

① 林毅夫:《制度、技术与中国农业发展》,上海三联书店、上海人民出版社 1994 年版,第 94 页。

（三）家庭承包制促进了乡镇企业的发展

在过去很长的一段时间内,我国农业剩余劳动力一直处于隐性失业状态。实行家庭承包制后,改变了集体经营模式下出工不出力、干多干少一个样的大锅饭弊端,通过调动农民的生产积极性,促进了农业生产的迅速发展,农业劳动生产力的提高,减少了农业生产队劳动力的需求,这样,家庭承包制为乡镇企业的兴起和发展准备了两个不可或缺的条件:资本的积累和剩余劳动力的积累,从而在 20 世纪八九十年代促进了乡镇企业的蓬勃发展。

（四）土地家庭承包制促进了国民经济的发展

首先,我国是一个传统的农业大国,在 20 世纪,农业在国民经济中起着举足轻重的作用,因此,农业生产的发展本身就标志着国民经济的发展。其次,由于农业、农村的发展,为农村公共产品的发展提供了内在动力和条件,从而为国家减轻了相关负担。再次,农业和农村的发展,为改善工农关系和城乡关系提供了条件,促进了农—工、城—乡之间的良性互动发展。

四、家庭承包制下的农地产权制度绩效:不同理论观点的评析

从 1949 年至 20 世纪 90 年代,我国农地产权制度经历了三次改革。第一次是将土地地主所有变为农民所有,实行了农地的私有私营;第二次是将土地的农民个人私有变为农民集体所有;第三次变革与前两次的农地产权制度变革有很大的不同,它基本没有触动农地的农民集体所有的性质,只是在集体所有制框架内,把集体所有、统一经营使用的土地产权制度,改变为集体所有、家庭承包经营使用为主的土地产权制度。由此,农地产权制度不仅沿用至今,而且仍是我国现阶段农地产权制度创新的基础。[①] 但是,在我国农地产权制度第三次改革后,即

---

① 陈多长:《中国农地产权制度改革的理论探讨》,载《河南大学学报》(社会科学版)2001 年第 1 期,第 87—90 页。

进入 80 年代中后期后,我国农村经济增长势头迟缓。为此,理论界对于我国农地产权制度的第三次改革就有了不同的评价,并形成了三种观点。

(一)全盘肯定观

这种观点认为现阶段我国的农地产权制度是一种"综合共有制",在这种"综合共有制"条件下,农民既拥有对土地长期不变的使用权,同时又拥有对该使用权的处分权——可出让、出租、赠送。因此,认为土地集体所有制太"落后"而企图将其"完善"为国有制,是不现实的;认为土地集体所有制缺乏经济活力而主张将其"改造"为私有制,是不适当的。在稳定、发展的大前提下,完善现有农地集体所有制便是现阶段农地产权制度的唯一选择。该学者更进一步提出,既然如此,现阶段我国健全现代农地产权制度的核心内容便是巩固和发展农地集体所有制。其中,首要的是明确农地产权归属的问题;接着需要做的便是保障农地集体所有权的相对完整化。[①] 同样,部分学者认为,我国现代第三次农地产权制度改革的实质是在不触动农地所有制的前提下进行农地使用制的创新。随着这次制度变迁优势的逐步释放,农业经济发展步伐开始放慢,农地产权制度的弊端再次凸显,这又为新一轮制度变迁创造了现实需求。决定土地资源配置效率的是土地使用制而非所有制,但完善的土地所有制却是土地有效配置的必要条件。当前农地产权改革的首要任务是复归真正意义上的农地集体所有制,其次才是完善土地使用制。[②]

(二)全盘否定观

这类观点认为在我国目前的农地产权制度中,农地产权不明晰,农地产权制度改革滞后。因此,主张构建顺应农业市场化、现代化的新型

① 周诚:《健全我国农地产权制度的思考》,载《中国经济时报》2004 年 2 月 17 日。
② 陈多长:《中国农地产权制度改革的理论探讨》,载《河南大学学报》(社会科学版)2001 年第 1 期,第 87—90 页。

农地产权制度的目标模式,即在坚持农地集体所有的前提下实行农业公司经营。[①] 这种观点把我国目前的"三农"问题归根于农地产权制度中的三级集体土地所有制。该学者认为,新中国成立初期确立的农地制度是一种复合型的产权结构。它真正能够把土地的经济功能、政治功能和社会功能三者有机地结合起来,既有利于农业生产恢复和农村商品经济发展,又为我国农地产权制度的市场化改革铺平了道路。然而,自 20 世纪 50 年代到 1978 年党的十一届三中全会召开前夕,中央政府通过互助合作和人民公社运动使土地的农民私有向集体所有、统一经营过渡,形成了"三级所有、队为基础"的集体土地所有制模式。这一阶段,一方面存在生产队、生产大队和人民公社三个权利主体行使土地权利,土地所有权概念模糊,市场机制对土地资源的配置作用低下。另一方面致使村与村之间、社与社之间甚至整个县域内的土地边界都变得模糊不清。因此,当务之急是重新恢复新中国成立初期已经确立起来的复合型土地产权制度。

我国现行的以家庭联产承包经营为主的农地产权制度,确实已经使农业生产大幅度增长、农民经济收入成倍提高。但是,随着农村经济的发展,现行农地产权制度的一些缺陷日渐凸显:第一,土地所有权主体内涵不清;第二,土地产权权能残缺;第三,稳定性差,其表现在土地面积、土地调整后的补偿、土地的经营形式、农地流转属性方面。因此,我国必须对现有的农地产权制度进行改革和完善,根据 1949 年新中国成立以来的四次土地产权制度变革归纳出了当前农地产权制度进行改革和完善可资借鉴的三个经验:一是农地产权的权益和权能必须进行合理分离;二是土地经营管理体制必须因时因地制宜;三是土地使用的规模必须与农业生产力水平和发展要求相一致。并在此经验基础上提出了当前农地产权制度改革和完善的两个基本原则:一是确定农地产

---

① 梁爱云:《对我国农地产权制度改革的思考》,载《柳州师专学报》1995 年第 4 期,第 7—11、58 页。

权主体;二是规范农地产权界区,包括明确集体所有权、保障农民永久使用权、强化国家宏观调控权。设计出了农地产权制度创新的三种形式土地永包制、单嗣继承制、家庭农场制。①

(三)辩证肯定观

这类观点认为我国农地产权制度从根本上影响着农村生产力的发展,决定了农村的生产关系,制约着农业生产的经营和组织方式,关系到城乡经济结构调整的方向,甚至影响到社会主义初级阶段的历史进程。而作为我国目前农地产权制度的主要内容——家庭联产承包经营制,虽然在确立之时就已实现农用土地的"两权分离",建立起了农村土地"二元产权"体制,从而使农民对土地有了强烈归属感,激起了农民长久利用好土地的积极性;也有效地衔接了农民习惯的农耕劳作方式,改善了农民的经济状况和生活水平,促进了农村经济的发展和社会的稳定。但是,受当时客观历史条件的限制,家庭联产承包责任制较之前的农地产权制度,只注重了农业生产经营方式的调整,并未深入地涉及农用土地产权制度的改革。因此,与城镇的国有土地使用制度改革相比,农用土地产权制度的改革是不规范、不系统、不彻底的。其表现在:第一,农用土地的产权体系不完整,土地产权主体不清;第二,从产权的角度来看,承包土地的权利是模糊和残缺的;第三,土地承包经营权没有得到土地物权的保障。因此,进一步的改革有必要构建我国"三权分离式"的新型农用土地产权体系,即建立集体土地所有权、承包土地使用权和土地耕作经营权。②

有学者用路径依赖理论和路径制约机制,结合我国农地产权制度安排在新中国成立后不久就沿着农地集体所有、集体使用这一路径演

① 胡麒军:《论我国农地产权制度变革》,载《甘肃农业》2004 年第 7 期,第 9—10 页。

② 胡存智:《构建农用土地产权新体系》(上),资料来源:http://www.macrochina. com. cn/economy/lltd/20010703011394. shtml,2001 年 7 月 3 日。

进的现实,对我国农地产权制度变迁中的路径依赖问题进行了深入探讨,认为农地产权制度变迁的目标并不是一种具体的制度安排,而是现存制度变迁中的路径依赖下的一种制度均衡状态。因为任何一种制度均衡均可能会因为制度系统内部的不协调变化和制度系统外部的非制度因素的积累,从而在某一特定条件下引起已有的制度均衡被突破,重新出现一种新的非均衡状态。而我国目前农村土地制度的创新正是在已有农村土地制度路径依赖下的制度变迁,其目的是不断地促进制度由非均衡状态向均衡状态转化。因此,在创新我国农地产权制度安排时,既不搞农地所有权国有,也不搞农地所有权私有,而是在坚持目前农地所有权集体所有——家庭联产承包责任制的前提下,针对现有农地产权制度在诸如产权模糊、产权残缺、产权关系尚未理顺等问题上去寻找新的突破口。[1]

还有学者指出,目前,家庭联产承包制存在着激励功能不足、资源配置功能失灵、交易费用过高、收入分配功能紊乱等问题,因此必须进行农地产权制度创新,其目的是巩固和完善家庭联产承包制,促进土地规模经营、农业产业化和城乡一体化进程。[2]

在肯定"家庭承包责任制"的历史性功绩的同时,该学者认为现行的农地产权制度依然存在缺陷:第一,土地所有者主体缺位;第二,土地承包经营权属于契约规定的债权性质而不是法律赋予的物权;第三,现行土地产权制度与户籍制度相互强化,阻碍了农村剩余劳动力的转移和土地资源的市场化配置。因此,该学者进一步提出必须对现行的农地产权制度进行深层次改革。其中,改革的目标模式是双层产权制度。改革的基本思路是以资源的优化配置、要素的合理组合、资产的不断增

---

[1]　李锦宏:《制度变迁中的路径依赖——兼论我国农地产权制度的创新》,载《农业技术经济》1999 年第 5 期,第 20—23 页。

[2]　毛传新:《论我国农地产权制度的创新》,载《江西财经大学学报》1999 年第 1 期,第 32—34 页。

值为目标,以家庭经营为核心,通过"还权于民"重建土地和生产者之间的血缘关系。改革的具体措施是:第一,成立农村土地委员会;第二,分步执行业主所有制;第三,大力发展现代化家庭农场;第四,建立家庭农场的支持和服务系统;第五,建立合理的农村土地流转机制;第六,建立合理的农村税费体系;第七,建立健全农村社会保障体系。①

也有学者提出,在现阶段,我们应继续强化农地所有权与使用权两权分离的彻底性,因为这仍然是目前农地产权制度进一步改革的重点。② 第一,始于20世纪80年代初的农地产权制度变革,为后来的全社会、全方位的改革开放积累了经验、奠定了基础,在其支撑下的工业经济和城市改革开放才带来了整个社会经济的持续发展和繁荣,同时,也才有了一系列的社会结构和组织结构的变革。但是,农地产权制度的改革至今没有从根本上打破传统的农地集体所有制格局,农地产权制度改革有待深层次突破。第二,基于家庭承包制的农业生产规模过小,对大型农业生产资料、设施和农技的投入受限,有悖于农业产业化发展方向,有悖于灵活高效配置农业生产资源,有悖于现代农业对整个经济社会发展的支撑。因此,有必要深化现有农地制度的改革,改革的步骤是:第一步是把农地产权确权到人,第二步是进行市场化的流转,使土地作为固化的资产活化起来。在推行前述两步改革措施的同时,还应实行土地产权的单嗣继承制③。也有学者认为,国家必须对土地产权的安排保持强有力的决定性的剩余控制权。但也应把农事活动方面的土地使用权无限期地交给农民,同时允许农地使用权的市场交易。④

---

① 印堃华、邓伟、孟珺峰、周维颖:《我国农地产权制度改革和农业发展模式的思考》,载《财经研究》2001年第2期,第21—27页。
② 秦岭:《我国农地制度改革观点评析》,载《农业经济》1998年第2期,第1—4页。
③ 徐桂华、管仁勤:《中国农地产权制度创新构想》,载《经济评论》2001年第4期,第37—40、55页。
④ 孙鹤:《中国农地产权制度分析与设计》,载《中国农村观察》1999年第2期,第22—28页。

五、我国现行农地使用权的制度缺陷

家庭承包责任制的制度变革实现了农业生产经营较有效的经营特征和农业产业化特征。"一个在家庭责任制下的劳动者劳动激励最高,这不仅是因为他获得了他努力的边际报酬率的全部份额,而且还因为他节约了监督费用。"[1]家庭承包责任制从一开始就不仅得到了农民的拥护,而且得到了政府的认同和支持。家庭承包责任制的制度创新,无疑印证了现代经济的发展事实:有效的产权制度并不意味所有的权利束都应集中同一主体,而恰恰相反的是,权利的适当分解才是制度安排的成功要旨。[2] 虽然我国现行的农地承包经营制度克服了原有农地制度的许多弊端,随着社会主义市场经济体制改革的深入,农地承包制度缺陷逐步暴露出来,并成为阻碍我国农业现代化、产业化发展的障碍。

(一)农地承包经营权主体具有身份限制

1998 年修正的《森林法》第二十六条第五款规定,"国家所有和集体所有的宜林荒山荒地可以由集体或者个人承包造林"。1986 年《民法通则》第八十条第二款规定,"公民、集体依法对集体所有的或者国家所有由集体使用的土地的承包经营权,受法律保护。承包双方的权利和义务,依照法律由承包合同规定"。1993 年《农业法》第十二条规定,"集体所有的或者国家所有由农业集体经济组织使用的土地、山岭、草原、荒地、滩涂、水面可以由个人或者集体承包从事农业生产"。根据《农村土地承包法》第五条"农村集体经济组织成员有权依法承包由本集体经济组织发包的农村土地"和第十五条"家庭承包的承包方是本集体经济组织的农户"的规定,把承包经营权权利主体限定在农

---

[1]　林毅夫:《制度、技术与中国农业发展》,上海三联书店、上海人民出版社 1994 年版。

[2]　董琦:《中国农村土地政策的调查与思考》,载《天津行政学院学报》2003 年第 4 期,第 30—34 页。

村集体组织内的成员。

农地承包经营权是农地承包经营制在法律上的表现形式,我国《农村土地承包法》第15条规定,家庭承包的承包方是本集体经济组织的农户。这一规定具有明确的身份限制。如果本集体经济组织以外的单位或个人需要承包农民集体所有的土地时,《农村土地承包法》第48条规定:"应当事先经过本集体经济组织成员的村民会议三分之二以上成员或者三分之二以上村民代表的同意,并报乡(镇)人民政府批准。"并且本集体经济组织以外的单位和个人只能直接承包不宜采取家庭承包方式的荒山、荒沟、荒丘、荒滩等农村土地。因此,农地承包经营权的主体主要是农地集体经济组织成员,限制了本集体经济组织以外的个人或单位土地所有者权利,造成部分土地荒废,阻碍了土地自由流转与资源配置,降低了土地资源的利用效率。

(二)集体土地使用权概念不明确,土地承包经营权模糊

受制度等原因影响,农民的经营权主体地位并不稳定,农民对所耕种土地的预期收益也随之不稳定。农地承包权随着社区成员的人数增减不断变化,农户往往忽视了长期稳健的投入方式而养成某些短视行为。另外,农民的经营权并未得到落实,部分地方政府为了一己私利仍会使用各种手段干预农业生产过程,如集体随意解除土地承包合同、强行征占农民土地、将集体土地私自出卖等。由于我国现行政策并没有将土地承包权归为法定权利,因此土地承包权并未得到法律保护。在这种情况下,一旦社会经济条件发生变化引起承包关系变化时,这种脆弱的契约合同关系很容易随之改变甚至不复存在。由此农户在承包经营农地上的投入与产出收益也会付诸东流。随着农户权益的受损,原合同双方当事人会引发一系列的债务纠纷,影响了广大农民的稳定生活。

(三)农地承包经营制存在经营规模偏小的缺陷

在农地承包经营制度下,农地被分割切零,经营规模偏小,农地生产效率低下。实行农地承包经营制的前提是实现农户间的土地平均分配,无论是按人口分配还是按劳动力分配,首先是根据农地的质量好

坏、距离远近等因素进行区分、搭配,然后再以公平原则分配至农户。这样的区分方式导致农地资源被无形的切分成块,所属主体的不同导致农地在耕种密度、投入力度等方面的差异。零散分布的土地限制了现代化机械生产,更无法实现规模化的高效收益。另外,这种均分土地的方式过于死板,无法根据各个农户的实际生产生活需要加以灵活调节,看似公平,实则不公,影响了部分农地的利用效率。再者,部分地区因为政治结构,人口出入变动较大,导致农地易主过频,承包者利益受损。

（四）土地资源不能进行市场化配置

家庭联产承包责任制规定土地的所有权归集体,农民只拥有使用权,这一条款明确禁止了土地的买卖转让,限制了土地的合理流动。虽然现在各地都在探索农地使用权的流转,其中有"确权赋能"等的成都模式,但这些探索要么缺乏相关法律法规作支撑,使其难具有推广性,要么只是表面文章,不可能在根本上撼动现行僵化的农地所有制,尤其难以撼动国家对农地一级征用权的垄断,使农地流转难以真正按市场原则进行。权利所有者无法根据实际情况调整农地的利用效率,阻碍了市场对土地资源的优化配置,更难以实现农地的规模经营。

第三节　我国农地使用权改革的模式与方向

我国第三次农地产权制度改革（形成现行农地产权制度的改革）的实质是在不触动农地所有制的前提下进行的农地使用制的变迁或创新。随着这次制度变迁优势的逐步释放,农业经济发展步伐开始放慢,当前农地产权制度的弊端逐渐显现,对现行农地产权制度进行改革就势在必行。[1]　由于区位、资源禀赋差异,经济发展水平不同等诸多原

---

[1]　陈多长:《中国农地产权制度改革的理论探讨》,载《河南大学学报》(社会科学版)2001 年第 1 期,第87—90 页。

因,土地使用权存在多种形态,农村土地产权的制度安排也分区域呈现不同模式。

一、当前农地使用权制度安排的几种主要模式

(一)均田承包模式的基本内容与制度评析

农地家庭承包制,作为一项长期不变的政策,在现阶段看是难以改变的,即便是因人员增减或其他原因进行的内部小范围调整,一般是因人地矛盾过分突出而进行的,其他相关规定一律不变。同时,这种调整程序较复杂,又容易引起新的矛盾。所以,这种内部小范围调整既无法改变农地产权性质,也无法改变均田承包的格局。

从总体上看,农村土地产权的均田承包是我国农村土地产权最普遍的一种,这一模式之所以普遍,在于其与目前我国多数地区的农村经济发展水平相适应,与我国历经几千年所形成的传统文化观念相一致,因而受到广大农民的欢迎。权利平均是公平的基础和前提,农地承包经营权的平分使每个生产者具有平等的"经济机会",实现了农民平等公平的权利。在今后相当长的时期内,绝大部分农民仍然摆脱不了对农地的依赖,平均分配土地将是现阶段兼顾公平与效率的基本方式。虽然它不能实现农地资源与农村劳动力的优化配置,降低了资源的配置效率,却能解决广大农民的吃饭和就业问题,确保了农村社会的稳定和经济的平稳发展。① 但是平均分配土地带来一系列的问题,如果不断均分,只会造成农地规模越来越小,农业国际竞争力越来越弱。从根本上说,土地承包权乃社区成员权。只要现行农地产权性质不变,农民对土地具有的成员权就不会改变,"均田"式的小规模经营也无法根本改变。②

---

① 李明秋、韩桐魁:《河南省农村土地使用制度现状调查及政策建议》,载《中国土地科学》2001 年第 3 期,第 42—44 页。

② 施虹:《"均田减赋"的深层改革》,载《江苏农村经济》2003 年第 5 期,第 30—31 页。

（二）固化土地承包权模式评析

固化土地承包权模式的代表是贵州省湄潭市,其内容是:首先明确农村集体土地所有权为农民集体所有,其代表为村民委员会;其次,实行"增人不增地,减人不减地"政策;推进土地使用权的自愿有偿流转;对农转非者、改变农村土地用途者、死亡户以及不承担义务者,集体收回承包土地招标发包;国家征用或集体占用农地,要按规定补偿;农地使用权在承包期内可以继承。承包权固化模式可以尽可能稳定农村土地承包关系,提高对土地投入和种田的积极性;提高农户的生产积极性,促进农户对土地的持续性投入,有利于增强土地资源的利用效率,限制单位农户的人口繁衍,有利于确保农户生活水平稳步发展。尽管长期固定的土地使用权会导致部分村民重获土地的权益受阻,集体可通过收回长期闲置浪费的土地加以重新分配,总的来说,长期稳定的土地使用权还是保护了绝大多数农民的利益。

（三）"两田制"模式评析

家庭承包制在尽可能确保土地权利平均的前提下,面临着人口调整所导致的土地调整压力。而"两田制"作为农地产权运行的又一模式,基本上满足了上述要求,并具有较广泛的适应性。"两田制"是将农户承包的土地区分为口粮田和责任田分类承包给农户,20世纪80年代末的山东省平度市最先实行此模式。"两田制"的基本做法为:口粮田按全村人口平均分配,作为满足农户基本生活需要的社会保障用地。此时,作为"口粮田"的土地被看做是人们基本生活资料为全体村民所共有。责任田所处地理位置相当集中,并根据土地质量因素加以评级划分,确定与之相对应的承包费用,结合农户需要进行责任田承包分配。这种分配不再采取绝对平分的方式,而是引入了市场机制,承包费在某种程度上体现了土地的价格水平,承包人也可根据自身条件选择土地,以实现农地收益最大化。"两田制"的承包期相对固定,管理者可根据当地人口因素、经济发展水平对"两田"的比例、承包的期限费用等加以调整。

"两田制"的核心思想是将公平和效率原则结合起来,集约使用土地,兼顾农户、村级组织、社区、政府四者的利益:对农户而言,"两田制"既保证了农民的生存权(口粮田),又使其可以取得或放弃承租责任田由有意愿的"大户"承租,使农地经营有一定的规模效应,对村级组织而言,既节省了一些管理费,还能有效保障本级政府经济指标的顺利完成;对社区而言,明确承租费减少了交易成本,且简化了实施过程;对政府而言,则在稳定实现家庭经营制度的基础上相对容易地占有农业"剩余"。因此,有学者将"两田制"的优点归结如下:(1)"两田制"打破了"均包制",使农业产业化和集约化经营成为可能,提高了农地利用效能;(2)市场竞争机制的引入使经营者更能按市场信号优化资源配置;(3)规范化的承包运作消除了经营者的顾虑,提高了其对农地投入的积极性;(4)集体资金来源有了保障,使农业和农村公益事业投入有了稳定来源。

进入 20 世纪 90 年代中期以后,理论界和实践界对"两田制"的非议很多。从制度本身的原因看,"两田制"的制度设计存在如下内在缺陷:首先,"两田制"的实施需要一定条件:人少地多;社会化服务体系有一定基础;农民有必需的农技、市场和经营知识等。受我国经济发展水平与人地矛盾等因素制约,可以推行两田制的地方不多。其次,推广"两田制"的出发点是为了实现土地的规模经营,但是相当多的地区并没有实现土地的重新组合,除了增加农民的承包费之外,几乎没有任何改变。① 再次,当"两田制"大范围推广时,为更多地获取"承包费"与可配置的资源而高价招标或出租的行为有违公平。

(四)土地规模经营模式评价

农村土地规模经营大多在经济较发达地区的地方政府推动下兴起,因为经济发达地区在 20 世纪八九十年代非农产业发展迅速,城市

---

① 曾云敏:《从两田制的兴衰反思中国农地制度变迁》,载《安徽农学通报》2004年第 1 期,第 4—5 页。

化、工业化速度加快,农业劳动人口非农化加速,传统农业弱化,如何稳定农业和粮食生产就成为经济发达地区实施规模经营的主要动因。规模经营主要指全面整合集体所有土地,采取农户经营、大户经营或集体经营等方式,不再仅限于各家各户零散耕种。整合的方式有:调整土地承包权,建立集体农场经营模式;选择生产能力强、技术水平高、资金较为充裕的农户成立家庭农场;通过股份合作制集中零散农户,筹集资金、人力、物力对土地实行规模经营等。

从目前的情况看,农村土地规模经营在实践中并不是一种普遍制度。土地规模经营具有明显的优势——通过规模经济提高收益。具体来说,规模经营有利于土地流转机制的建立,有利于集中优质的人力、物力,加强对土地的开发利用以提高农产品产出和农民收入。同时,各种形式的农场经营有利于农产品面向市场流通销售,打破了以往小户生产、自产自销形式的限制。但是,当前土地规模经营的市场化机制还不成熟,主要原因有二:一是有条件规模经营的农地经营者不多,二是农地集中的灵活产权变动机制没有。现阶段规模经营下的粮食生产运转情况并不尽如人意,由于对外界农产品市场需求信息闭塞,基础设施条件差等原因,大批量生产出来的农产品时有出现产销脱节的经营损失。其他存在的问题还有:(1)规模经营所需的投入成本大,投资人常常会因为投资、收益比例无法达到一致而产生矛盾;(2)收回农户对部分土地承包权的做法有违公平,降低了农民的预期;(3)集体还存在管理、分配等问题,内部矛盾也不少;(4)农业生产集体经营淡化了农地市场机制的作用,扭曲了土地价格,降低了市场机制对土地资源的配置效率;(5)农地使用权难以在集体成员中实现真正的平分均等。

二、农村土地产权演进的影响因素分析

(一)决定制度变迁的因素

由公社化农村集体制度转变为包产到户的家庭联产承包制后,中央政府对农地制度分配的集权逐渐下放到基层政治结构,土地政策的

实施与变更主要取决于社区大队,从根本上打破了农业生产经营和分配上的"大锅饭",赋予农民自主权。土地制度的改革是为了使当地土地资源与经济结构更好的匹配,但这种资源禀赋与经济结构的变化可能对农地耕种者的生产观念、生产安排等因素产生影响,制度上的变更极大地考验了农户能否从吃公社"大锅饭"这一单一、消极的生产方式中灵活转变,积极主动地去争取土地承包权,通过劳作改善自己的生活。另外,农地制度改革促成了新的土地合约关系,合约结构的变化也会影响土地分配调整。

集体所有的包产到户制度重新界定了集体成员对集体土地所属的权利和义务,制度安排结构的调整取决于当地土地资源禀赋、人口的迁移变动等因素。一方面,农村人口及劳动力的增加会导致对土地资源需求的增加,进而导致土地的分配调整频率变高。另一方面,伴随着经济体制改革,农民对承包责任田的积极性直接取决于农业生产所能带来的经济效益。如果从事农业生产所带来的收益越大,原先申请承包田较少的农民可能会要求重新调整土地分配,反之,非农收益越大,原土地分配状况则趋于稳定,不易被改变。

对于包产到户合约实施的成本变化问题,主要取决于农民非农收入与农产收入所占比重的变化。如果农业产出所带来的收益较大,农民通过"大包干"能比较顺利地完成上缴国家与集体的生产任务,在此基础上为自己留存的收益可以满足农民的期望,那么实施包产到户的成本较低,承诺的违约情况较少。反之,一旦非农收益增加或承包责任田所获得的收益过少,甚至都难以完成国家、集体所规定的上缴任务时,包产到户合约的签订与实施成本都会增加,有时还会出现农户无法履行合约的情况。

（二）成员权观念的变化与土地制度安排的调整

随着农民非农收入的增加,农民对土地成员权的重视程度可能有所减弱,但从事非农生产并不意味着农民会放弃自己的土地成员权,农民在走向城镇、外出非农务工与继续留守农村耕种承包田之间往往会出现以下几种选择:离开农村,在城市就业并获取城市户口、在城市定居;离开农村,暂时居住在城里,并没有取得城市户口;仍居住在农村,在城市中务工。其中,后者仍对土地有着较大依赖性。

(三)合约结构与农地产权安排的变化

资源禀赋与区域间经济发展水平往往会影响包产到户合约的实施,进而对农地产权安排产生影响。经济发展水平越高的地区,农民自愿承包土地,通过农耕获取收益的意愿越低,国家分配下达的任务一般越难完成。不会影响国家分配任务完成的农地产权变化往往不会被村领导干涉。也就是说,对于农民转让土地,无论是有偿还是无偿,只要有利于完成国家分配的农产品生产任务,村领导一般不会强行阻止。[①]

三、我国农地使用权制度的改革与完善的基本方向

我国农地制度改革的动力主要来自于对实践的总结和持续的创新,由于外在环境的变化与发展,人们对土地的需求也呈现多样化和复杂化趋势。现今对于土地产权的安排,国家多采取限制性手段,牢牢掌控着土地的征用权、总体规划权、管理权等权益而缺乏灵活变动性。受城市户籍制度、就业制度等的限制,农民想要彻底的弃农务工、融入城镇十分不易,许多农民依旧对土地的弃留问题犹豫不决。

由于土地的功用不同,针对不同情况所采取的农地承包经营方式也应不同。从根本上说,农地制度的选择应依据现实国情与农业生产力水平。在社会主义初级阶段,农地集体所有仍是我国农地制度的基础。尽管现行的农地制度存在许多不足之处,但并不意味着要被全盘否定,当前首要的任务是,如何在不违背市场规律的前提下,对农地制度进行必要的改革,使之不断完善和发展,尽可能地保障广大农民群众的利益。

---

① 刘守英:《中国农地集体所有制的结构与变迁》,资料来源:http://www. drcnet. com. cn/drcnet. common. web/docviewforsearch. aspx? docid=-2237,1999 年 12 月 10 日。

农业是国民经济的基础,农产品是国民赖以生存的物质条件。只有赋予农民更多的使用权与收益权,才能从根本上调动农民生产积极性,保障其稳定的生产生活。农地使用制度的产权界定关键要把握三个问题:(1)延长土地的承包期有利于保障农民的农业生产。稳定的土地使用权可以确保农户的长期投入获得收益,激励农民的持续性农产投入,有利于提高土地的利用效率。另外,农村人口的增长压力有所缓解,村民对土地分配调整变动的需要也并不强烈。(2)赋予使用权更明晰的产权界定。主要是赋予承包农户有转让、出租、入股、抵押土地等处分权。(3)规范政府行为。政府除了要做到规范土地的制度安排、监督土地的使用分配、维护农民的合法权益、确保土地资源的有效利用等方面,最主要的是要做好引导激励作用,提高农民承包土地、耕种土地的积极性,使之通过农业生产改善生活水平。政府还可以通过划分试验区的形式小范围规范土地承包者的权责,通过创新尝试确定与当地生产状况最为匹配的土地使用制度。[1]

第四节 我国农地使用权流转的改革探索与制度创新

一、农用地流转的概念、形式和作用

农用地流转是我国 20 世纪 90 年代中期以后,随着农村大量劳动力转移到第二、三产业,农民有了稳定的收入来源,农村出现大量农用地抛荒现象,在农民自愿的基础上,出现了一种有偿、依法、有序的农用地使用权交易现象。简单地说,就是承包农用地的农民把农用地转给其他人经营。

(一)农用地流转出现的原因

1.农业结构调整拉动农用地流转。90 年代中期,我国进行了大规

---

① 张红宇:《我国农村土地产权政策:持续创新——对农地使用制度变革的重新评判》,载《管理世界》1998 年第 6 期,第 168—177 页。

模农村产业结构调整,原先的农业生产品种、规模、方式都发生了改变。农作物生产更加符合市场需要,规模上一改过去单个零星耕种的方式,朝着规模生产的方式迈进,土地的利用效率与农产品的生产效率都得到了极大的提高。

2. 劳动力结构的变化导致农用地流转。自 20 世纪 90 年代中期,随着经济体制的改革,农户非农收益提高,农村劳动力开始大规模外出务工,农业生产不得不放慢脚步,许多原先分配好的责任承包田被闲置、荒废,村镇领导只有探索尝试新的土地制度,由此形成了租赁、转让等一系列新型农地流转形式。

3. 资源的优化重组要求农用地适时流转。社会主义市场经济体制改革重新分配了劳动力、资金、技术等要素资源。相当一部分要素所有者将注意力转移至资源丰富的农村,私营企业主、城镇居民等非农人员通过租赁、购置农地方式建设厂房、从事生产经营活动,导致农民土地使用权主体常常处于变动阶段。

4. 农村城镇化进程推动农用地流转。在十六大提出并开始实施农村城镇化进程中,出现了大量的从"离土不离乡"到"离土又离乡"的农民,一方面一部分农民纷纷在城镇集中建房,另一方面农村农地抛荒现象越来越频繁。

5. 农业生产效率低下促使农地流转加速。90 年代中后期,农产品价格长期处于低迷状态,农业生产效率低下,农民生产负担繁复,导致农户入不敷出现象时有发生。迫于维持生计压力,一些农户不得不放弃耕种,寻找新的谋生之路,由此造成大量农地闲置甚至转为他用。

(二)农用地流转的主要形式

从实践发展看,当前的农用地流转主要有以下几种形式:

1. 置换。为解决生产上所存在的不便,如因农地分散、耕作品种不一等原因,土地承包人采取交换所承包部分或全部土地的行为。这种行为往往具有个体性与自发性,并不实质改变土地的承包权,在现实中较为常见。

2. 转让。土地承包经营权人由于住处搬迁、家庭人口变更等原因将其拥有未到期的土地承包经营权转让给他人。转让程度分为部分转让和整体转让,转让范围一般在本集体经济组织内进行,这种土地流转方式也较为普遍。

3. 委托代耕。在不涉及土地承包经营权变更的基础上将土地使用权委托于他人经营。委托双方可协商有偿委托、无偿委托或部分补偿委托等。

4. 租赁。同样在不涉及土地使用权变更的情况下,土地承包人将土地出租给他人以收取租金的行为。租赁分为直接租赁和反租倒包两种形式,前者是农户双方直接协商租赁行为,后者则由村集体出面,反租回土地承包人土地再予以重新租赁。

5. 股份。土地承包人通过土地使用权入股与他人合作经营。该土地流转形式体现了土地使用权的资本化,有利于土地增值,较好实现了土地承包人的利益。

6. 招标买断。土地承包人将土地使用权以一定的价格、一定的期限卖给他人经营,这种土地流转形式在现实中并不多见。

(三)农用地流转的作用

1. 有利于克服小规模家庭经营的局限性。当前农户小规模经营存在低效、落后等问题,发展农用地流转经营模式有利于实现农业生产专业化、规模化发展,促进农民增产增收。

2. 有利于农用地的充分利用。初步形成的土地规模化经营有利于重新分配农民手中的零星土地。根据农户自身条件与生产需要最优配置土地资源。充分发挥本地的人力资源及其他生产要素的作用,释放农地潜能。

3. 有利于农村劳动力专注于农业或非农业生产。健全的农地流转制度可以避免农户"亦农亦工",想要两者兼顾却都无法尽力而为的状况。想要从事非农生产的农户可以不再为自家的农地所牵制,自由自主向城镇集聚,推动城市化和农业现代化的共同进步。

4.有利于农业结构调整和农民增收。农用地流转机制的建立,有利于农业的产业化和专业化,从而加速农业的市场化、现代化进程。同时,还可以使农户通过农用地租金和规模经营大大增加其收入。

5.有利于壮大集体经济实力。无论是委托转包还是反租倒包,农民集体经济组织均可以借助农用地集中连片、土地整理、招商引资等手段,既提升农用地的利用价值,又增加集体经济组织的收入,从而不断壮大其经济实力。

6.有利于促进农民观念的更新。农业生产要素的合理流动,可以增强农民的市场意识、竞争意识和开放意识,破除封闭保守、自给自足的小农经济思想。农地这一重要生产要素的健康流转有利于开拓农民的经营理念、提高其市场意识与竞争意识,突破旧有狭隘、封闭的农业生产观念。①

二、规范农用地流转的基本途径与改革建议

农用地流转政策性强,牵涉面广,在其发展过程中还存在一些问题,诸如:指导农用地流转工作缺乏法律、法规支撑;在推进农用地流转过程中,一些基层干部工作方式有时过于简单化,由此带来许多不良后果;维护农民利益与发展效益农业的冲突时有发生;农用地流转的中介服务组织匮乏,流转机制不完善等。要促进农用地流转的健康发展,在不动摇家庭联产承包责任制的前提下,改革的重点应在以下五个方面:

(一)进一步推动农用地使用权的商品化

要形成农用地资源配置的优化,最重要的是确定合理的土地流转形态。农用地使用权流转,不仅是一种经营行为,而且带有社会福利和社会保障性质。农户在向受让方转移农用地使用权(其实质是提供可产生经济效益的资源)时,不仅应得到经济上的补偿,而且应该把农用

---

① 刘友凡:《稳定承包权　放松经营权——湖北省黄冈市农村土地流转情况的调查》,载《中国农村经济》2001 年第 10 期,第 19—22 页。

地使用权当作商品在市场上交易。农用土地使用权交易市场具有以下鲜明特点：土地具有不可转移性，这就导致农地使用权不可能在大范围内交易；农地价值的测度、评价难度增加了农地使用权的交易成本；我国土地政策对农用土地的保护，加大了农地流转作他用的难度，限制了交易者的用地目的；另外，农地交易者还肩负着保护农地环境、维持农地质量等相关义务。

农民的土地使用权可以继承、出租、出售，当国家依法征用农民使用的土地时，要按市场价格给农用地使用权以补偿。

（二）鼓励发展形式多样的流转方式

农地流转方式应做到联系实际、因地制宜，在充分考虑当地生产经济环境、农户经营能力、农户生产意愿的前提下探索多样化流转模式。不拘泥于委托代耕、置换经营等一般流转形式，还可扩展流转主体，鼓励村集体实行招标承包、引入更高级别的股份经营，对于特殊情况，还可以发展租赁经营、买断经营等特色流转方式。

（三）加强农用地流转的法治化建设

农用地流转行为应该在法律法规的约束下进行。土地使用权的流转应该建立在双方行为人完全自愿的基础上。一旦签订了流转合同，在规定的承包期内都不可随意更改或终止合同，土地承包管理者不得收回农户的承包地用于招标经营或抵顶欠款，不可更改农用土地的所有权和使用范围，土地流转的期限不得超过农户承包土地的剩余承包期。总之，土地流转行为具有法律效应，行为主体的权益受国家法律保护。

（四）进一步完善农用地价格体系

只有建立了合理的农用地价格管理制度与政策，加强对地价体系的管理，才能更好地发挥农用地价格体系的调控作用，具体来说，可以从以下几个方面入手：建立健全农用地估价制度，设立农用地地价评估机构；建立地价体系定期公布和更新数据，定期公布农用地质量基准地价、征地综合区片价及相应的标定地价，并根据市场变化，适时调整地价的基本内容等。①

（五）农用地流转中的政府职能与行为规范

政府在农用地使用权交易市场过程中肩负双重责任：一方面通过机构设置、信息提供等形式为市场交易提供便利，降低交易成本，为市场提供较为科学、全面、及时的参考资料，促进交易的顺利进行。另一方面政府应通过政策法规的制定明晰、约束市场交易行为，减少农用地流转过程中所产生的摩擦，为农用地流转行为提供法律支撑。

农业是我国国民经济发展的基础，而土地是农民赖以生存的最重要生产要素。农地流转不仅应体现国家宏观政策方向，更要尽可能满足广大农民的基本意愿，只有充分协调农民与农地的依存关系，切实保护农民利益，兼顾集体与农户的双方需求，才能确保农村土地流转稳定和健康发展。

三、农村建设用地流转的基本情况

"农村集体建设用地是指依照法律程序申请、经国土资源管理部门批准的、使用集体所有的农村非农建设用地，主要包括农民住宅用地、乡镇企业建设用地、乡镇或村级公共设施及公益事业用地。"②在农村建设用地的流转讨论中，对是否放开其流转市场的问题争论过大。

（一）农村建设用地流转的主要方式

早在全国统一的土地资源管理办法改革前，就已形成了农村集体建设用地，其主要内容是在农地管理制度改革过程中，对农民的宅基地、乡镇企业用地、集体公益项目用地等已有土地利用形式的认可，在全国城乡统一土地资源管理制度改革后又再次认可了上述三种农村集

---

① 路燕、朱道林：《构建与农地流转市场相适应的农地价格体系》，载《价格理论与实践》2006 年第 2 期，第 52—53 页。

② 张建仁：《农村集体建设用地使用权流转的再思考》，载《理论月刊》2007 年第 8 期，第 164—167 页。

体建设用地形式。随着我国市场经济体制的建立,城乡土地的资产属性已经显现。在全国不少城镇均客观存在以各种形式自发流转集体建设用地使用权的行为,其规模和数量都在不断扩大,如要对集体建设用地使用权流转进行归类,可做以下划分:按流转参与者分,转出方有所有权拥有者和使用权拥有者,受让方有集体内部成员与外部成员,按流转地分,有宅基地、工业用地、商用地和开放用地等。

(二)农村建设用地自发流转的成因分析

在城镇化的带动下,农村人口逐渐向城镇迁移,由此造成了集体建设用地的流转。集体建设用地的流转最初体现在城郊结合地带的居民将房屋居住地租赁给进城务工农民,解决其生活经营用地需要。随着非农务工收入的增加,转移人口的增多,进城务工农民对长期稳定生活在城镇的需要也日趋显著,于是,房屋买卖交易也逐渐频繁起来。土地市场的兴盛促进了集体建设用地的大规模流转,由于我国法律明令限制农村集体建设用地入市流转,土地的流转行为并未完全透明公开,也不受法律保护。集体建设用地流转屡禁不止,原因可以从以下方面进行分析。

首先,从经济方面分析,由于城市化进程加快,尤其是小城镇建设速度的加快,直接引致对建设用地需求量的增加。当城市用地供给不足时,农村或城乡交界地区的集体非农建设用地可在一定程度上满足经济发展的需求。2006 年全国城市化率达到 43.9%,比 1996 年增长 13.42 个百分点。同时,2006 年全国国内生产总值与 1996 年相比,年均增长 8.76%,且近 4 年增长率一直维持在 10% 以上。土地要素作为城市经济增长的重要支撑,必然水涨船高。《全国土地利用规划纲要 1997—2010 年》实施以来,不到规划期末,很多城市的规划指标已经捉襟见肘,一些地区甚至 5 年就用完 10 年指标。面对巨大的用地需求,依靠征地这一传统供地方式必然陷入窘境。农村集体建设用地使用权的流转作为土地供给的新途径,在城郊结合地带和经济发达地区,能够较好的避免征地纠纷,同时让土地流转主体得到更多的实惠,受到各方青睐。① 尤其随着市场经济的发展和土地使用制度的改革,土地价值不断显化,经济利益驱使农村集体和农户个人更倾向于扩大手中土地价值,在市场交易中换取高于自身农用的收益。

不合理的征地制度进一步刺激了这种期望,无论是建设用地供给方还是需求方都具有直接提供和使用集体土地的巨大利益冲动。当然,此外还有一种情况:随着乡镇企业转制进程的深入,企业经营机制、组织机构与布局模式等都会发生相应转变,随之大量的集体建设用地也将一同流转。

以上是农村建设用地自发流转出现的可能性,从可行性看,现行的法规政策并未全盘禁止集体建设用地使用权流转,在某种程度上,还留有不少空间。《宪法》第2条明确规定"土地使用权可以依法转让"。这里的土地使用权应当包含集体土地使用权,而"转让"也包含更为广泛的意义;1997年《关于进一步加强农村集体土地管理的通知》中指出"用于非农业建设的土地,因与本集体以外的单位和个人转让、出租、抵押附着物而发生土地使用权交易的,应依法严格审批,要注意保护农民的利益"。《中共中央国务院关于做好农业和农村工作的意见》要求"各地要制定鼓励乡镇企业向小城镇集中的政策,通过集体建设用地流转、土地置换、分期缴纳出让金等形式,合理解决企业进镇的用地问题"。国务院[2004]28号文《关于深化改革严格土地管理的规定》既要求采取最严格的措施保护农田、控制用地规模,同时也提出"在符合规划的前提下,村庄、集镇、建制镇中的农民集体所有建设用地使用权可以依法流转"。这些政策或文件都不同形式的指明了土地使用权流转的条件与方向。

从实际的管理层面看,集体所有制下的土地处置权归农民集体所有,农地的实际使用者在很大程度上也享有土地处分权。由此,农地管

---

① 张建仁:《农村集体建设用地使用权流转的再思考》,载《理论月刊》2007年第8期,第164—167页。

理者无法准确地捕捉市场信息,被无形的排斥在流转主体之外,另外又不得不肩负流转行为的责任人角色,为流转行为善后。同时,对集体土地的管理体制又呈现"垂直管理,双重领导"的局面,面对管理漏洞,土地管理机构与同级政府间往往存在互不干涉,互相包庇的违法现象。①

（三）农村建设用地自发流转的积极意义与主要问题

由于历史形成的原因和城乡生活方式、自然环境等因素的差异,使城乡人均建设用地差异很大,即农村人均建设用地远大于城市人均建设用地。因此,健全农村集体用地市场对盘活这部分资源具有十分重要的意义。这主要表现在以下几个方面:首先,集体建设用地的流转可以带动农村居民向中小城镇集聚,原先被农户占用的住宅用地或闲置荒废农地可以重新回收进行耕种,有效提高了农地利用率,农民向城镇的迁移也有利于当地基础设施的建设与发展;其次,建设用地流转速度加快促进了城乡土地的统筹规划,国家可以通过制定统一的框架制度,宏观调控用地总量与用途,划分管制区域,制定耕地保护的实施细则;另外,农民通过建设用地的流转可以获得相应的地租收益,据专家的调查分析,农民在农村集体建设用地的流转过程中可获得20%—85%左右的地租收入,在某种程度上,经济上的补偿弥补了农民的产权缺失。农民的土地资产也得以为当地经济发展、城镇化建设作出贡献。②

但是,自发流转毕竟不是一种受到法律承认的制度内行为,特别是这种自发流转整体看是混乱无序的,会导致诸多问题,第一,集体建设用地的增值大多源于国家对相关土地的外部环境的改造和投入;第二,隐性流转使农民的集体利益得不到有效保障;第三,从土地的比较收益

---

① 张建仁:《农村集体建设用地使用权流转的再思考》,载《理论月刊》2007 年第 8 期,第 164—167 页。

② 张建仁:《农村集体建设用地使用权流转的再思考》,载《理论月刊》2007 年第 8 期,第 164—167 页。

来看,集体建设用地的收益明显高于农用地,会导致农民通过各种途径将耕地转为建设用地,从而造成耕地减少,增加保护耕地的难度。①

四、农村建设用地使用权流转的制度创新

随着历史的演进,其他用途的农地不断转化为农村建设用地,农村集体建设用地数量的不断增加、城镇化、工业化用地指标日趋紧张、耕地保护格局日趋严峻,农地结构日趋失衡,等等。要求创新农地建设用地流转使用权制度就非常迫切。

（一）创新流转模式

我国农村建设用地流转制度可分为转权模式和保权模式。

第一种模式:转权模式。20 世纪 90 年代初,原国家土地管理局一度推行"转权让利"政策,规定集体建设用地必须转为国有以后才能进入二级市场流转。② 这里所说的"转权"土地对象范围已有所扩大,不仅仅限于国家征用集体土地范围,国家所行使的权利也扩大为土地资源管理权,转权后的土地使用权直接归原集体土地所有者所有,不再流转进入国有土地二级市场。集体建设用地所有权人在转权过程中不获得土地补偿收益。转权模式的优点是有利于制定土地使用权流转规则,完善建设用地市场,缺点是集体土地所有权全民所有的概念过于模糊,产权不明晰。

第二种模式:保权模式,即在保证土地所有权归农民集体所有的前提下流转土地使用权,具体操作可依照国有土地使用权流转制度。优点是实施操作性强,易于人接受,缺点是较现行土地管理制度变革较大,对国家实施土地宏观调控政策造成一定冲击。

---

① 范金灏:《对我国农村集体建设用地流转问题的探讨》,载《中国集体经济》2007年第 5 期,第 35—36 页。

② 黄小虎:《政府如何保护农民的土地财产权》,载《中国经济时报》2003 年 1 月 9日。

（二）加快相关法制建设

无论采取哪种流转方式,都需要完善而明确的法律制度予以规范,这些方面的基本工作包括:首先,明晰集体土地产权边界,避免当前三级主体所存在的产权主体虚置与权力职能重叠,规范农村集体与农户个人的权责,更为科学的界定国家征地范围,在完善土地流转相关法律法规的基础上,适当放宽农地流转条件;其次,在明晰土地产权的基础上做好登记备案工作,尤其对于涉及流转的土地交易前后主体应详加确认,保障流转程序有条不紊、有案可依;再次,加强流转土地资格的审查工作,严禁非法占地,强买强卖等行为发生,审查过程中认真执行国家限制标准和相关政策法规。最后,政府部门应积极履行土地市场管理者的身份,在不干预合法土地流转交易的前提下积极参与土地流转审查、排解纠纷、处罚违法行为,等等。

第五节　我国农地使用权的金融制度创新

一、农地金融制度的特点与基本功能

（一）农地金融的内涵与特征

土地金融是以土地经营为目的的资金融通活动,表现为农业土地经营者以土地产权作为抵押品向金融机构或社会公众进行资金融通,其过程具有完整的债权债务关系。具体来看,土地金融业务主要包括土地抵押贷款、土地有价证券发行、买卖等业务。土地金融的存在主要基于土地的永久固定性,其价值随着经济社会的发展而日趋增加。农地金融具有债权债务关系稳定,贷款时间较长、贷款成本较少等特点。债券化的土地财产被赋予流动性、分割性,流通范围增大,融资能力加强。①

---

① 高伟:《构建农地金融制度促进传统农业转变》,资料来源:http://www.drcnet.com.cn/drcnet.common.web/docviewforsearch.aspx? docid=1494746,2007 年 4 月 26 日。

（二）农地金融的基本功能

农地金融制度的功能主要体现在：1. 在农业资金紧缺的情况下，农地金融制度为农业筹集社会资金；2. 农地金融制度通过农地抵押的形式来实现土地的流转，使农地资源得到优化配置。而且通过农地抵押向金融机构贷款可以减少金融机构的中长期信用风险；3. 农地金融制度的存在使得政府除了能够间接地影响农地资金的配置，还能传达政府的政策意图，从而达到对农业的宏观调控目标；4. 农地产权制度、农地使用权流转制度、农地金融制度等组成了农村土地制度。在这个整体中，农地金融制度是农村土地制度的保证，农地金融制度不仅促进了农户、农地金融机构、农地市场三方的发展，更进一步完善了我国的农村土地制度。①

（三）农地金融的国际实践

农地金融在很多国家已长期存在。以德国为例，农地金融主要体现为土地抵押信用合作制度，该制度的运行主体是土地抵押信用合作社，合作社由希望通过抵押土地换取长期贷款的土地主组成。合作社通过汇集私人的土地并以此做抵押品发行土地债券，从资本市场吸纳资金后贷给合作社社员使用。原土地主可以通过这种方式购买农用机器设备、进行土地基础设施建设等。在美国，则成立了专门为农户融资提供服务的联邦土地银行（Federal Land Banks, FLBS）。该机构由政府财政通过购买土地银行股票为土地所有者提供贷款，以帮助农户筹集资金发展农业生产。印度也于 1920 年成立了类似的土地开发银行，通过中央银行筹集资金为农民提供长期贷款。通过成立银行的形式为农户提供贷款的还有菲律宾和我国台湾地区，菲律宾的土地银行主要为政府持股，而我国台湾地区的土地银行的贷款方向则主要集中在农业短期贷款和水利建设贷款，资金来源主要是政府的委托承办补贴地价

---

① 中国人民银行泉州市中心支行课题组：《我国农地金融制度构建的现实约束及障碍破解》，载《上海金融》2007 年第 6 期，第 9—14 页。

和征收地价业务。尽管各个国家和地区所设置的金融主体形式各异，为农户筹集资金的渠道也不尽相同，但总的来说，各国各地区的土地金融政策都是为了适应本地的农业经济发展现状，并对促进土地所有者生产积极性、巩固农村土地制度起到了积极的作用。①

二、我国发展农地金融的现实性分析

工业反哺农业、城市支持农村已是新时期理顺工农关系、城乡关系的题中之意，其中，对农业和农村的投资至关重要。但是，农村金融市场发育迟缓，已经对此形成了严重的阻碍。问题表现在：供给主体不足，功能定位不清；资金供不应求；金融工具品种单一、数量稀少，等等。国务院发展研究中心的农村金融调查结果显示，农信社贷款以短期贷款为主，短期贷款占当年贷款余额的比重都在 60% 左右，贷款期限在10 个月至 12 个月。② 另外，长期贷款的投放不足影响了农业生产企业的建设，制约了农业朝规模化、特色化、现代化发展。2006 年银监会曾出台了"调整放宽农村地区银行业金融机构准入意见"等一系列政策规定，放宽了土地市场准入标准，允许某些村镇银行、信用合作组织向农户发放贷款。但由于这些机构的资金存有量并不雄厚、融资能力有限，以及农贷制度上的不成熟等因素，向农户发放长期贷款一时间很难落到实处。因此，我们有必要进一步探索和发展农地金融制度，更好的帮助农户发展农业生产。

（一）发展农地金融制度的现实可行性

改革开放以来，尤其是土地使用制度改革以来，土地的二、三级市场逐步放开，农地的市场价值逐步体现出来，一方面农地所有者受经济

---

① 高伟：《构建农地金融制度促进传统农业转变》，资料来源：http://www.drcnet.com.cn/drcnet.common.web/docviewforsearch.aspx? docid=1494746,2007 年 4 月 26 日。

② 高伟：《构建农地金融制度促进传统农业转变》，资料来源：http://www.drcnet.com.cn/drcnet.common.web/docviewforsearch.aspx? docid=1494746,2007 年 4 月 26 日。

利益的诱导希望通过农地流转行为获利更多;另一方面土地需求者加大生产、扩张规模的愿望又加大了土地的需求度。从可行性分析,首先,2005 年开始施行的《农村土地承包经营权流转管理办法》第七条规定:农村土地承包经营权流转收益归承包方所有,任何组织和个人不得侵占、截留、扣缴。如果将农民的土地承包经营权确认为一种物权,那么就可以作抵押。其次,在很长的一段时期中,我国经济高速平稳发展,人民币币值稳中有升,这些都为农地金融制度的创新和发展提供了优越的条件。另外,随着新农村建设提上日程,农村科技的推广和医疗卫生体系的健全,农民的生活保障有了极大的提高,农业保险面越来越大,使农地金融制度的创立有了可能。

(二)制约农地金融发展的现实因素

土地金融制度中存在以下三大现实障碍:农地承包经营权界定模糊、农地使用权主体权能缺失及农地使用权权利欠保障。对于农地承包经营权的内涵、地位、界限、法律形式、实现方式等问题仍缺乏政策指导与法律支持,由此导致农地使用权主体的地位和权利范围等也没有明确的规范。

首先,从法律条件看,《中华人民共和国担保法》等法律明确规定,除"四荒"土地使用权外,其余农地使用权均不得抵押,农地抵押权成为农地金融制度的核心。

其次,农地使用权流转制度有待完善,在社会主义集体所有制原则下农地在农户间的分配方式是通过村集体统一管理和制定的,而农民自身少有权利决定农地的转让与否或如何转让,农户将农地使用权抵押给银行以获取贷款的行为,无论从法律上还是现实生活中都缺少支撑,这种土地流转方式往往以银行强行拍卖农地使用权告终,而并非遵守贷款偿还规则。

再次,农村土地估价体制缺失,我国土地估价对象仅限于城市土地,农村土地交换参考价值模糊,级差收益不明显加上农业生产率长期委靡不振,农产品价格歧视性偏低,农村土地收益预期不明朗,而且还缺乏全国统一的农用土地分等、定级估价体系,都造成了对农地估价的困难,另外还存在对农用地价值一概而论,忽视对土地追加投资等情况。

最后,我国农村社会保障制度供给不足,土地在社会经济活动中承载着社会保障和提供生产资料(资本)的双重功能,农民想将承包土地的使用权用于抵押融资却又心存疑虑,不得不固守土地。①

三、农地使用权金融制度创新的技术手段

要想实现农地使用权金融制度创新,首先要将土地的所有权和经营权剥离开来,明确土地经营权的法律地位,进而确定土地的使用权。另外,可以将土地资产证券化和资本化,即以农地使用权为抵押发行债券或将农地使用权转换为农业公司的股权。这两种方式都有利于完善我国农地金融制度。

农地资源证券化是发展我国农地资源的重要方式之一。土地的永久性与固定性导致其不易融资,土地资产证券化是解决农地流动性的关键因素,农地金融机构可以借此融通资金、提高资金的使用效率和配置效率,土地所有者也可以通过抵押土地使用权获取贷款,解决自己的资金需求。农地金融机构可以通过两种方式获取农地使用权:一是拥有贷款业务过程中作为抵押物的土地使用权;二是因为借款人未履行还贷业务而收回其抵押的土地使用权。收回的土地所有权可以通过拍卖或二次抵押的形式进行处理,前者直接用拍卖所得补偿借贷损失,后者则将农地使用权作为抵押物直接证券化,两种方式所带来的成本收益各有利弊。

另外,有许多学者提出使土地使用权证券化的构想,尽管我国现行的法律规定指明:"抵押权不得与债权分离而单独转让或者作为其他

---

① 中国人民银行泉州市中心支行课题组:《我国农地金融制度构建的现实约束及障碍破解》,载《上海金融》2007 年第 6 期,第 9—14 页。

债权的担保。"但使用权证券化仍不失其可行性。相对于资产证券化,土地使用权证券化的成本较小,风险也较小。具体而言,不同于资产证券化以机构贷款业务为保障,使用权证券化是以农地金融机构本身的收益作保障,在担保效力上具有国家信用担保效力,发行证券的行为本身也可以较为真实客观地反映土地使用权的价格水平。

综上所述,农地证券化可以较为有效地解决农地金融机构的融资渠道,不失为有效可行的经济行为。然而,农地使用权证券化会带来一定的风险,如果农地金融市场不能将这些风险加以转移和吸收,这些风险达到一定的水平后将会危及整个农地金融市场。农地使用权证券化的范围更大,操作也更灵活,因此农地证券化的监管将会有一定的挑战性。①

四、农地使用权金融创新的组织体系构建

在我国农地金融组织机构的建立上,围绕利用现有机构组织还是设立新的独立组织,当前主要存在两种观点:依托旧有金融机构主张者认为,通过硬件系统升级改造、实现职能转换即可满足农地金融组织创新需求,另一部分人则认为我国应以国家股本为基础,建立相对独立的国家土地银行,通过吸纳、聚集社会资金,完善农地金融体系。结合我国实际,我国农地金融组织体系可采取"分三步走"的台阶式发展战略。具体包括:

第一步,在经济发达地区的农村信用社,开展农地金融试点工作,以实现我国土地金融的短期目标,理由如下:一是农村信用社的合作金融特征在制度上保障了其农地金融试点工作的顺利进行;二是基层组织的广泛性在组织上为试点工作的开展提供了有力支撑;三是就当前形势而言,最具有开展农地金融业务能力和组织优势的机构只有农村

---

① 田立、雷国平:《农地使用权证券化、资本化与农地金融》,载《经济研究导刊》2007 年第 4 期,第 45—47 页。

信用社。

第二步,在实现了我国农地金融的短期目标后,可在时机成熟时组建土地抵押合作社,以实现土地金融机构融资的中期目标。目前,我国各方面的条件还不成熟,专业性土地金融机构并没有真正建立起来。鉴于此原因,可以先成立"农地使用权抵押贷款处"办理农地金融业务,时机成熟后,撤销该机构,成立土地抵押合作社。国内已经有部分地区开展了一些初步的探索。如吉林省梨树县榆树台镇闫家村于2004年7月成立了农民资金互助合作社等等。①

第三步,改革现有的农业发展银行体制,使之在国家的控制下充分发挥金融融资和产业投资功能,成为我国政策性土地金融机构。国外土地银行主要存在以下两种方式:一是以农地为标的,为农民提供土地开发服务的金融机构;二是参与土地市场管理的机构,这类银行同时代表政府的意志,类似于我国的土地储备中心,除了基本的农业融资,同时兼备为城市政府集中征购、整理、储备、供应和开发土地。对于政策性银行,我们认为要注意以下几个方面的问题:首先,作为金融机构,土地银行并不能视作市场调控机构。其次,土地银行的融资标的是农地,银行的设立方式最好是采取政策性银行模式。② 从设立土地银行的必要性方面来看,建立政策性土地银行,是政府在尊重市场运行的基础上、运用金融手段、宏观调控土地资源配置的必要手段之一。土地银行的设置有利于规避土地借贷所存在的风险,确保土地金融业收益的取得。

综上所述,我国最终建立以农业发展银行为上层组织,土地抵押合作社为下层组织的农地金融组织体系,该组织体系首先由政府投入启

---

① 张文菊、陈继萍:《金融扶贫创新:农户资金互助合作社初探》,载《新疆财经》2006年第3期,第5—8页。

② 李波:《土地银行:新农村建设的新生力军》,载《金融与经济》2007年第1期,第68—69页。

动资金,发行政策性金融债券或向中央银行贷款来获取资金;其次,在获取资金后,农业发展银行充分发挥其产业投资和金融投资的功能,调节全国的土地融资并贯彻国家的农地政策。①

五、农地使用权金融创新的制度环境建设

首先,应开放农村集体土地使用权交易和抵押,赋予农村集体完整的土地产权,确保农民长期有效地农地使用权,其中,农地产权的资产化、股权化与市场化是重难点;其次,创新农地流转制度。对此前文均已进行了论述,在此仅作必要补充:流转制度应强调突破空间障碍,允许农地使用权跨地区流转,这样,一旦发生农户偿贷不力,银行可以及时有效地将土地拍卖,保障农村土地金融的安全性与效率性。另外,政府应督促建立科学、有效地农村土地评估系统,从估价方法与流程,估计主体与客体等多方面建立全国统一的农地估价体系,糅合农地分等、定级与估计三步骤,明确估价的风险与责任关系,探索风险规避方法。

---

① 中国人民银行泉州市中心支行课题组:《我国农地金融制度构建的现实约束及障碍破解》,载《上海金融》2007年第6期,第9—14页。

第 六 章

我国农地保护制度改革与创新研究

在我国,土地的农业生产收益远不及非农生产的收益,土地私人经营者对利益的追逐加快了土地资源非农化的进程。然而,农地上的作物产出可以满足全体社会成员的需要,农产品的生产获利虽少却是维系百姓日常生活必不可少的组成部分,相反,经营性目的用地却有可能破环当地生态资源环境,对当地经济发展产生危害。因此,平衡农地与非农地的总量、限制过度征地、加大对有限农地的保护成为我国农地保护政策的首要任务,也是实现我国经济可持续发展的当务之急。

第一节　我国农地保护现状

一、农地保护的基本内涵

不同于其他一般土地,农地具有以下两个功能:(1)为人类提供必需的生活给养,为人类生产提供物质支持。人民依靠农地,进行农业生产,并依靠农产品维系生活。(2)维护生态平衡,农地的产生是人类进化的重要标志之一,农地不仅为人类提供养料,同时也对其他动植物的生存环境造成影响。鉴于农地的特殊性与重要性,农地保护迫在眉睫。要想进行农地保护首先要做到农地量的保证,我国自古以来就是农业大国,土地是广大农民赖以生存的根基,随着经济的发展,自然因素的影响,耕地资源日渐稀缺,随着人口激增,农地数量上的保证对其是否能满足人民最基本的衣食住行需要起到举足轻重的作用。其次是质的保证,如何更合理有效地开发有限的耕地,不仅是我国农业专家所需考虑的问题,也是全世界农业专家共同关注的问题。我们不仅应寻求短时间提高耕地潜能的捷径,更要保证耕地的可持续利用,使农地形成良性循环的生态系统。最后,还要考虑农地与周围生态环境的和谐统一,包括光资源、水资源等自然资源对农地产能的影响也很明显,农地与外部环境交换物质、能量与信息机制是农地内部功能正常发挥的前提。农地保护应结合周边生态环境的整治,共同促进整个社会经济协调发展。

二、当前我国农地非农化造成耕地减少的基本情况

我国现行的耕地保护制度在审批用地申请,限制征地规模,平衡耕地总量等方面起到一定的规范作用,在一定程度上有效减少了耕地的流失,然而,与对高额利益的狂热追逐相比,耕地保护政策的力度显然不够。政府肆意制定征地指标,征地行为屡禁不止,耕地数量与日俱减,生态环境遭受破坏的情形仍十分严重。当前我国农地转为非农用地的总量过多,人均所占流转面积超标的"过度非农化"现象对我国经济发展产生的阻碍不容忽视。①

(一)耕地减少、质量下降与人口、经济总量持续增加形成鲜明反差

自20世纪50年代末期,我国的耕地面积以每年53.3万公顷的均

---

① 张效军、欧名豪、李景刚、刘志坚:《对构建耕地保护区域补偿机制的设想》,载《农业现代化研究》2006年第2期,第144—147、152页。

速递减。到 1985 年减少值已近 100 万公顷,80 年代中期到 90 年代中期总共减少耕地 686.7 万公顷。尽管中央政府一直大力着手农地保护,提倡合理节约用地,惩治违法占地行为,但由于管理不到位等主客观原因,农地流损现象依然严重,甚至出现了越禁越甚的现象。据资料显示,20 世纪 90 年代中期到 21 世纪的前 5 年,近 10 年的时间里我国耕地面积从 1.301 亿公顷减少到 1.225 亿公顷:人均耕地面积从 0.106 公顷减少到 0.094 公顷。由此造成了农产出吃紧的现象,2003 年粮食总产量为 4.31 亿公斤,是 1990 年以来的最低水平;人均粮食占有量仅为 355 公斤,趋于 20 年来最低水平。[①] 随着耕地数量、农产品产出的减少,我国人口却依旧保持着较高增长率,不断增长的人口加剧了对农作物的需求,农产品的供求压力越来越大,耕地所承载的负担也越来越重。

（二）各种形式的"圈地运动"屡禁不止

改革开放以来,我国各种建设用地、开发用地"饥渴症"愈演愈烈。[②] 30 余年来,地价、房价等呈几何级数攀升就是明证,但是,打擦边球的、"踩红线"的、"越红线"的"圈地运动"在历次违法违规用地查处整治中反而是"野火烧不尽,春风吹又生"。

三、我国农地非农化的基本趋势

当前我国正处于经济高速发展的阶段,城镇化进程步伐不断加快,我国"十一五"规划纲要将城镇化发展作为促进区域经济协调,改变城乡二元结构的重要手段;作为工业化、现代化的标志之一。城镇化也产生了一系列有待思考有待解决的问题,例如近年来我国土地城镇化速

---

① 张全景、庞英、马敬杰:《从"三农"问题视角解读我国的耕地保护问题》,载《国土与自然资源研究》2006 年第 2 期,第 22—24 页。

② 张效军、欧名豪、李景刚:《我国耕地保护制度变迁及其绩效分析》,载《社会科学》2007 年第 8 期,第 13—20 页。

度远超人口城镇化速度,因此所导致的土地流失问题严重,如何有效做到节约、集约用地是我们推进城镇化所必需考虑的。

（一）十一五期间我国城镇化进程的趋势

据国家统计局统计,截至 2004 年底我国城镇化率已达 41.76%。专家估计"十一五"期间我国城镇化进程继续保持高速增长。若保持 1996 年以来的年均增速,到"十一五"期末也就是 2010 年我国城镇化水平将超过 50%,这与国家"十一五"规划纲要规定到 2010 年我国城镇化水平将达到 47% 的目标相符。可以说这一增速规模是比较科学现实的。在历史上,"二战"后日本和韩国都有过三十多年高速城镇化发展的时期,这为我国城市化进程的规模与速度都提供了较客观可鉴的实例。以 2004 年为基期至"十一五"期末,我国城镇化以年均 0.87 个百分点增长的速度也相对符合当年日本、韩国城镇化时期的情形。但据各省"十一五"规划纲要拟定的目标,除个别省域外,其余省域特别是西部地区的所有省域从 2005 年到"十一五"期末,城镇化的年均增速都在全国平均水平之上,尤其是大多数中西部地区在"十一五"期间的城镇化年增速均大大高于"十五"期间。

（二）十一五期间农地保护面临的压力

根据全国"十一五"规划纲要提出的城镇化发展目标及人口总量控制目标,截至"十一五"期末,我国每年将有 1606 万农业人口转为城镇人口,我国城镇人口总量将达到 63920 万人。如果汇总各省域"十一五"规划纲要的相关指标,全国城镇人口总量将高达 66640 万,届时城镇化水平达到 49%,将超过全国"十一五"规划纲要所提出标准的 2 个百分点。2005 年到"十一五"期末这段时间城镇化转移人口导致的新增城镇用地将比 2004 年底增加 60.40×10^4 公顷,即年均增加 10.07×10^4 公顷,同时"十一五"期间需新增城镇工矿用地 124.23×10^4 公顷,年均增加约为 20.71×10^4 公顷。如果按各省域"十一五"规划纲要拟定的目标加权归总,则五年内全国所需新增城镇用地总量将达到 59.55×10^4 公顷和 38.37×10^4 公顷的农地和耕地,年均分别为 $9.92 \times$

104 公顷和 6.40×104 公顷（若以城镇工矿计算,则总量分别为 123.13×104 公顷和 79.38×104 公顷,年均量分别为 20.52×104 公顷和 13.23×1044 公顷）。

根据"十一五"规划纲要提出的城镇化目标,"十一五"期间,因城镇扩张而导致的农地、耕地占用量分别为 2004 年农地和耕地总量的 0.07% 和 0.24%,城镇工矿扩张占用农地、耕地数量占 2004 年农地和耕地总量的 0.14% 和 0.50%,如果汇总各省域"十一五"规划纲要目标,则实际农地、耕地占用量分别为 2004 年农地和耕地总量的 0.09% 和 0.31%,城镇工矿扩张占用农地、耕地数量占 2004 年农地和耕地总量的 0.19% 和 0.65%,仍高于全国规划总量。尽管"十一五"期间制定了总量为 133.33×104 公顷的退耕还林任务,加大了对农地及其他生态环境资源的保护措施,但由于自然灾害,资源结构调整及其他不可抗力,要想实现"十一五"期末规划的耕地面积目标,任重道远。①

四、政府加强农地保护的现实必要性:三农问题

受人口、历史等因素制约影响,我国"三农"问题复杂棘手且日益显著,农民与农地供求不平,关系紧张是恶化"三农"问题的根源所在。一方面耕地具有不可再生、不可替代、易于流失等弱质性;另一方面它提供着全体人民一日三餐之必需——粮食,是人民赖以生存的物质来源,是广大农民祖辈相传,维持全家生计的根本。农地对维持农村社会乃至整个社会的和谐稳定起到举足轻重的作用。在现实经济条件下,农用地与开发用地收益差别巨大,单纯靠市场手段来调节两者的关系难有明显的效果。耕地的过度流失已成为解决"三农"问题的最大难题。

保护农地在解决"三农"问题中具有不可替代的作用,它集中体现

---

① 刘新卫:《从"十一五"规划看我国土地利用严峻态势与对策建议——城镇化与农地保护》,载《国土资源情报》2006 年第 8 期,第 44—50 页。

在以下几个方面:(1)耕地在农业中的基础地位。农业是国民经济的基础,耕地是农业的基础,我国粮食生产虽然出现过阶段性、结构性过剩,但总体说来,由于我国人多地少,工业化对原料粮的需求越来越大,粮食供不应求已成常态。甚至有国外学者认为,我国粮食短缺会危及世界粮食安全,这种言论尽管有点危言耸听,但又不无道路。粮食安全既是食品安全,也是社会安全和政治安全。因此,保有必要数量和质量的耕地是保证我国粮食安全,乃至为世界粮食安全作出应有贡献的必要前提。(2)耕地的保障作用。我国有 9 亿左右的农民,耕地仍然是广大农民赖以生存的基本生产资料、生活资料和社会保障。(3)耕地对农村的稳定作用。农村的稳定来自于农民的稳定,农民的稳定又来自于农业的稳定,一些地区急功近利,乱占耕地,侵害了农民切身利益,带来了严重的失地农民权益保障问题。

第二节 政府保护农地的经济学分析

农地资源禀赋的稀缺性及对人类生存的基础重要性,证明了农地保护对于我国实现可持续发展战略所具有的重要意义。充足可持续的农地资源直接关系到国家经济的发展,社会的长治久安。如何发展适应本国国情的农地保护政策,成为各国发展农业,加强经济建设的关键。

一、农地非农化的主要历史背景——城市化加速

近年来,工业化、城市化进程的快速发展导致用地需求增大,传统单一的用地方式显然已满足不了人们多元化的经济需要,人口的增长、农村人口向城市转移的趋势进一步加快了农地非农化的步伐。出于对"国际化大都市"规模的追求,各地大中小城市不断扩张城市用地,大量侵占城市外围的农地,尤其是耕地、良田,浪费现象严重。有学者指出,尽管城镇建设用地大幅增加,但受蚕食的并非农村居民点用地而是

生产性农业用地。在过去的十几年里,我国农村人口呈递减趋势,然而农村居民点用地却有所增加,甚至已达到人均 190 平方米,超过了国家规定的最高标准。因此,耕地实际上被侵占的数字还远不止城市扩张用地,农业结构的调整更加速了耕地的流失。①

二、农地保护中的市场失灵

土地作为一种稀缺资源,并不能同时满足所有需求者的需要,在市场配置中往往存在市场失灵的情况。土地资源在农用与非农用两种配置之间存在着差异较大的边际净收益。对利益的追逐往往导致人们更倾向于选择边际收益较大的那一方,因此更多的利益集团参与到土地非农化的过程中去。显然,土地的过分非农化会对社会最优决策产生不利影响,此时,只有政府才能调节这种私人与社会最优决策不一致的矛盾,在二者间谋求平衡,通过对土地资源利用的干预、调节,尽可能满足社会公共利益最大化。

(一)私人决策与社会决策的冲突时有发生

1. 土地资源利用的私人决策

对于私人决策来说,土地资源究竟作为农用还是非农用主要受以下几个因素影响:(1)农产品的价格越高,农地非农化的可能性就越低,显然,如果生产农产品所得的利润足够满足土地所有者,他是没有必要选择将农地非农化的;(2)农产品生产的成本越高,农地存有量越少;非农产品生产的成本越高,农地存有量则越多,反之亦然;(3)农用土地转换为非农用地的成本较低,而非农用土地转换为农用地的成本却较高。

2. 土地资源利用的社会决策

农地利用的社会收益具有两个层次上的含义:一是直接由土地所

---

① 张全景、庞英、马敬杰:《从"三农"问题视角解读我国的耕地保护问题》,载《国土与自然资源研究》2006 年第 2 期,第 22—24 页。

生产产品的收益;二是农业对国民经济增长和发展的延伸贡献,如为市场提供农产品及其他生产要素,为其他生产部门提供消费市场等等。而且,农地使用的外部性不仅作用于当代人,还会进一步波及未来几代人。农地双重性的外部收益导致其社会边际净收益大于私人边际净收益。对于土地成本来说土地非农化的成本不仅包括土地所有者自身的成本,还包括使用者现在将农地非农化所产生的机会成本。由于具有较强外部性,土地非农化所产生的成本也因此被放大。同理,土地农用和非农用产生的外部成本和外部收益的关系也会影响土地资源的社会配置。

3. 土地资源利用决策的冲突

由于土地资源利用中私人收益与成本和社会收益与成本的不一致性,私人与社会在做出土地资源用途选择时往往具有较大差异。由于土地资源外部性的存在,私人同社会的最优决策水平会存在不对称性。对于私人来说如何更好地将土地为我所用,使之投资收益最大化是其追求的目标,而对于社会来说,目的则在于平衡协调土地资源的使用,使之在长时间内发挥效率。因此,私人与社会的根本目标产生了利益偏离,此时,政府应加强对土地配置的干预,以实现全社会范围的土地资源优化配置。

外部性的存在导致土地资源利用的私人决策与社会决策之间出现下列矛盾:(1)某些政府只考虑眼前利益,对外部性较强、收益增加值较高的非农利用行为往往采取鼓励性的政策,即使土地非农化已超过社会最优利用水平,甚至因为利用过度而产生负的社会效应,政府也不会进行干预。而农用土地则并不存在这样的外部性,也不存在因此产生的外部收益,因此不为政府所重视。(2)实际上私人土地非农利用行为产生外部成本,因而社会非农收益减少,但这类成本常常为人们所忽略。当私人倾向于选择非农化时,需要政府采取保护措施。(3)土地农用产生外部成本而非农用产生外部收益,二者的综合作用均趋向于增加农地的私人净收益,导致私人农地利用水平较高,因此政府往往采取鼓励农地非农化的政策。（4）土地农用和非农用均产生外部收益，前者为农地增加社会收益而后者为非农地增加社会收益，选择决策究竟偏社会性还是私人性则取决于这两者收益的大小。政府应该根据具体情况决定是否保护农地。①

（二）农地非农使用过程中农民收入分析

改革开放初期，我国农民人均收入一直保持较高水平，年增长保持在 14.0%—20.0%，但 1997 年后的连续 10 年农民收入增幅均低于5.0%。若想在 2020 年人均 GDP 达到 3000 美元以实现全面小康的目标，农村人均年收入增长率至少要达到 12.2%。截至 2005 年，我国农民人均纯收入不到 3000 元。若以人均年收入 635 元为贫困线标准，2006 年底的统计显示全国尚有 3000 万左右的绝对贫困人口。同时，在过去的近三十年的时间内，城乡收入差距扩大的年份数是城乡收入差距缩小年份数的两倍。城乡收入比例若以 1983 年的 1.82∶1 为最低点，则在接下来的十余年内不断增长，并在 1994 年达到 2.86∶1 的极值，随后的三年略有下降，1997 年为 2.47∶1，从 1998 年开始，又开始逐渐扩大，尽管政府出台了一系列对农民利好的政策，并在市场导向上加以扶持，但城乡收入差距继续拉大仍是既定事实。②

从农民收入结构看，1983 年我国农民人均纯收入为 309.8 元，其中种植业收入为 166.6 元，约占 53.8%，2004 年农民人均纯收入为 2936元，种植业收入 1040 元，在人均纯收入中仅占 35.4%，下降了近 20 个百分点。显然，随着农民人均收入的不断提高，种植业收入所占比重呈下降趋势。同样，从 1987 年到 2003 年，农业收入占农民总收入比重也呈下降趋势，在这六年的时间内农业收入占农民总收入比重由 62.3% 直线下

① 钱忠好：《中国农地保护：理论与政策分析》，载《管理世界》2003 年第 10 期，第60—70 页。

② 黄洁：《我国农民收入问题的现状及对策》，载《安徽农业科学》2007 年第 29期，第 9428—9429 页。

降到 35.0%,而家庭经营性收入则由不足 37.7% 增加到 75.7%,资料显示,农民工资性收入增幅较大,而种植业收入则一降再降。①

非生产性成本是农民日益增长的负担的主要组成因素,以上所提到的税赋、集体提留和摊派费用等都属于此,农业成本的层层提高导致很多农民不得不选择将农地改为非农地用途,这样,不仅可以降低生产成本还可以获得非农方式提供的其他收益。农业用地所获得的收益并未在市场机制的调节下达到科学合理的水平,农用与非农用产业收益的过大差异导致农民的理性选择趋向后者。

三、农地保护中的政府失灵

由于市场的缺陷(失灵),使得政府干预必不可少。但是政府能不能干预,怎样干预还要比较市场调节和政府干预各自的成本和收益关系。以净收益最大化为选择标准,如市场调节成本小于政府干预成本,或政府干预收益小于市场调节收益,都只有让位于市场调节。这叫两害相权取其轻,两利相权取其重。

我国农地保护政策由三个主要部分构成:耕地总量动态平衡、农地征用管制、土地用途管制。耕地总量动态平衡主要内容是保证 18 亿亩耕地最低红线不被突破,实行占补平衡的手段加以保证。农地征用管制使国家独享对集体建设用地的一级征用权。土地用途管制是国家以强制手段限制土地的用途或指定土地用途转换的条件和程序,它以限制土地用途转变为目的。实施农地保护政策对保护农地资源起到了一定的积极作用,但政策的运行效果并不理想,农地保护存在缺失。

(一)农地保护制度的内在缺陷

1. 农地保护政策目标出现偏差

农地保护政策目标可能会出现以下偏差:(1)由于土地非农用所

---

① 张凤龙、臧良:《农民收入结构变化研究》,载《经济纵横》2007 年 7 月刊创新版,第 2—5 页。

带来的经济收益更大,政府往往更愿意选择土地非农化,这种倾向与农地保护政策目标相悖。尽管"上有政策",但当现实受到利益冲击,地方政府所采取的"下有对策"就可能不利于农地保护。(2)耕地总量的难以确定性导致政策执行困难。总的来说,农地保护政策在于保证耕地总量,使之保持增加,不得减少。但耕地总量究竟只是追求数量上的扩大还是要求农地数量与质量达到平衡统一并没有一个严格的界定。如果说测量耕地数量增减还存在操作可行性,那么测量耕地质量则较难做到。也不排除因为耕地的生产力提高,农户自行减少耕地面积,调整耕地结构,导致耕地数量减少这种情况。况且,无论从数量上还是质量上看,耕地总量的增减影响都具有时滞性,是否符合农地保护政策目标一时也难以判断。(3)农地主要保护对象——农田的界定标准未达成统一,导致农地管制对象缺位。农地判别标准的差异导致保护标准及管制标准的不一致,对目标的制定、法律的执行都造成了影响。

2. 农地保护政策合约与执行的缺陷

首先,农地保护政策合约具有不可操作性:农地质量千差万别,质量保护规定难以落实;我国地域广阔,土地自然环境差异大,对农田的划分标准难以统一;征地过程中的"公共目的"难以界定,容易产生领导意志。其次,农地政策有一定的操作难度,由于分税制的存在,中央政府和地方政府在农地保护上的目标往往不一致,因此,中央政府的政策在地方政府执行过程中会打折扣,上级政府的政策在下级政府执行中会打折扣。①

(二)政府征地过程中的效用分析

各级政府之所以会过度征地,直接原因在于通过征地,可以直接或间接地提高政府的效用。这主要通过以下途径得以实现:第一,农地非

---

① 钱忠好:《中国农地保护:理论与政策分析》,载《管理世界》2003 年第 10 期,第60—70 页。

农化形成的巨额收益是地方财政的主要来源。第二,农地非农化是地方政府官员实现政绩最大化的重要工具:农地非农化可以为本地 GDP 增长提供土地保障,随着经济增长,对建设用地的需求将越来越大,经济增长的过程也是农地非农化的过程;农地非农化也可以为本地 GDP 增长提供资金,资本投入是其经济高速增长的主要源泉,而农地非农化不仅可以直接产生巨额的土地增值收益,且具有强大的资本功能。第三,农地非农化是地方政府官员寻租的重要途径。政府在农地非农化中处于垄断地位。这主要表现在土地征用权的垄断与土地供应权的垄断。在这种情况下,如果对地方政府监督机制不健全,就会给一些腐败分子提供机会。①

四、双重失灵使得农地非农化具有自发趋势

非农用地所带来的高额利润与农地征用的低成本形成巨大反差,促使征地者盲目追逐眼前利益、大肆圈地,甚至造成征地大量损失。

（一）现行征地制度下农地非农化具有潜在的巨大利益

非农用土地可以为使用者带来高额的经济利润。据统计,城市工业用地效益是农用地效益的 10 倍以上,商业用地效益是耕地用地效益的 20 倍以上。② 对利益的追求导致人们倾向将耕地非农化。再者,国家对土地配置所支付的成本较低,如采取行政拨划进行土地配置,土地使用者仅需支付土地征用费和少量的管理费用而无须支付土地出让金。耕地的价值无法通过经济形式加以体现,土地使用者只要获得用地权利,极易为这种低成本方式所吸引。若采取出让方式配置土地则一般采取协议出让、招标出让和拍卖出让三种方法,土地的价值仍无法

---

① 张飞、陈传明、孔伟:《地方政府竞争、农地非农化与经济增长》,载《资源·产业》2005 年第 5 期,第 88—91 页。
② 张全景、庞英、马敬杰:《从"三农"问题视角解读我国的耕地保护问题》,载《国土与自然资源研究》2006 年第 2 期,第 22—24 页。

得到充分体现,且这三种方式在农地非农化过程中出现的频率并不高。非农化的土地在经营建设过程中不可避免的会产生污染、人口转移、基础设施不足等一系列不利因素。这些不利因素所增加的成本不可能仅仅由厂家承担,社会上的其他成员也不得不承担这些农地非农化成本。耕地的这种正外部效益和非农化后负外部效益的双重作用进一步扩大了耕地与经营建设用地的利益差,刺激了某些地方政府官员变本加厉的征地行为。①

(二)地方政府在利益趋势下盲目扩大农地征用

国家征用是农地非农化的主要途径,虽然《土地管理法》规定必须出于公益性质方能征用农地,但是,一是公益性质难以鉴定;二是"公益性"与"必要性"难以统一。因此,必然出现实际征用标准过低,甚至乱征多征的现象。②

(三)农地产权制度的缺陷制约了农民对农地的保护

近年来,由于我国市场经济体制改革、城镇化步伐推进等原因,现行的家庭联产承包制存在许多不合理因素,农地保护制度却没有因此与时俱进、加以完善,耕地的保护并不彻底。家庭联产承包制存在以下有待改进的地方:(1)集体土地所有权归属不明,权利和义务界定不明晰,土地产权归属复杂。有的农民受利益驱使变耕地为楼房加以出租或变卖,有的集体以土地作为要素与他人合资办企业,某些掌权者利用职权将土地批租、寻租。总之,在个人利益面前,人们的利己性导致耕地保护政策失灵,耕地流失依然严重。(2)农地承包权具有不稳定性,面对眼前的非农性收益诱惑,农民对继续劳苦耕作是否有所值产生了不确定性。况且,农业上的人力投入强度较大,时间较强,而收益却可

---

① 张效军、欧名豪、李景刚、刘志坚:《对构建耕地保护区域补偿机制的设想》,载《农业现代化研究》2006 年第 2 期,第 144—147、152 页。

② 张全景、庞英、马敬杰:《从"三农"问题视角解读我国的耕地保护问题》,载《国土与自然资源研究》2006 年第 2 期,第 22—24 页。

能需要一年半载才能见效,收益时间的长短期对比也左右着农民的决策。农民还要随时承担失去农地承包权的风险,一旦失去权利农民也无法获得相应的法律支持与政策补贴。(3)土地处置权的不确定性导致土地资源利用效率低下。土地的经营使用者并不具备完整的土地处置权,土地资源并不能在市场配置作用下达到资源利用效率最大化。另一方面,受教育程度、信息接触面等因素影响,农民缺乏对农地的可持续性投资,随着时间推移,农地的生产率、农产品的产出率都会受到影响,土地资源的利用效率会逐渐减少。①

第三节　进一步完善我国农地保护制度的思考

如何完善农地保护制度一直是世界各国关注的焦点,自 20 世纪 70 年代以来,很多发达国家和发展中国家都在农地保护上获得了相应的成效。借鉴这些国家的经验,要真正实现保护农地,优化配置农地资源就必须理顺各级政府的相互关系,制定合理的城市化、工业化战略,颁布目标明确、措施可行、监管有利的农地保护法律法规。②

一、农地保护的国际经验借鉴

(一)部分发展中国家农地保护政策的主要内容与借鉴

1.巴西的农地问题与农地保护

20 世纪 70 年代以前,巴西也一度出现"过度城市化"的现象,在政策上,优先鼓励发展工业,在经济上,加大对城市化建设的扶持力度,因此,大批的农场庄园主变卖土地,农业人口向城市迁移,截至 20 世纪

---

① 唐秀君:《改革农地产权制度切实保护农地》,载《国土经济》2001 年第 5 期,第 31—32 页。

② 钱忠好:《中国农地保护:理论与政策分析》,载《管理世界》2003 年第 10 期,第 60—70 页。

90 年代初,巴西的城市化率已达到 75%。与之形成鲜明对照的是农业
生产率的低下,由于轻视农业基础设施建设,对农业科技发展的投入力
度不足,巴西的主要粮食生产率远远低于世界平均水平,例如,稻米平
均生产力仅为世界平均水平的一半,小麦产量也呈现大幅下降趋势。
对农业生产的不利影响还体现在滥砍滥伐树木所导致的生态环境的恶
化,例如巴西境内的热带雨林被毁严重,仅从 1973 年到 1988 年的 15
年时间里,就有 250000 公顷的热带雨林被毁。另外,土地利用结构也
不合理,农村劳动力严重不足,城市地价偏高,经济性开发的土地中用
于农业和牧业的所占份额不到一半。巴西政府也采取了一系列农地保
护政策,如 1964 年巴西颁布的《土地法》,对征地赔偿、分配等问题进
行了法律界定,1979 年颁布的《农业土地税法》则通过征收差额税率对
土地使用加以限制,但收效并不显著。

2.印度的农地问题与农地保护

印度的城市化存在严重滞后性,截至 90 年代初,人口城市化率只
有 27%。印度在农村的工业布局较为分散,占用大量非农建设用地的
同时也严重污染了周围环境。自 1949 年印度独立后到 90 年代初,印
度的森林覆盖率从 35%—40% 下降到 19%。80 年代以来,水土流失
的面积占印度国土面积的 42%,人口却呈几何倍数增长。印度东部地
区还存在较为严重的封建残余思想,严重束缚着生产力及土地利用率
的提高。印度政府针对本国农业现状采取了一系列措施:例如变革土
地关系,通过消除部分地主及中间阶层分散农地所有权,确定长期耕种
者的永久占有权,规定土地租金标准及转让价格,实行农地占有限额
制,对于超过限额的剩余土地分给无地农民耕种。加强土地保护,扩大
耕地面积,从 20 世纪 50—70 年代末的近三十年里,印度耕地面积扩大
了 12%。①

---

① 钱文荣:《不同城市化形态下的农地保护实践与启示》,载《世界农业》2003 年
第 10 期,第 11—13 页。

（二）部分发达国家（地区）的农地保护政策的主要内容与借鉴

1. 美国的农地保护制度

美国政府的农地保护以土壤保护为基础，通过农业部土壤保持局所制定的"农地评价与立地分析系统"对土壤质量加以评价，将全国农地进行等级划分，并以联邦政府出台的"农地保护政策法"为法律支撑，实施对农地的差别化分区管制和分类管制。美国并未过多地限制土地的利用及所有权归属，大部分地区实行"非排他性分区"，即允许除农用之外的其他形式的土地利用。对农地流转，政府通常运用经济手段激励农民参与农地保护，如采用差额补贴政策，调整因农田性质变化而产生的利润分配，使农民和农地保护的受益者获利，从而自愿维持农地属性；实行优惠评税制度，在课征农地的财产税时，评税的依据是农业的使用价值而非市场价值。反之则通过设置"最小地保护法"，规定农民所持农地的最低限额来限制农地流转。同时，美国也是对土地发展权成功运用的国家，地方政府通过与土地所有者之间的土地发展权交易（主要包括发展权购买和发展权转让两种方式），允许土地产权束中的发展权交易或单独转移。此外，美国的土地保护还出现这样一种趋势，即联邦政府参与的保护力度较弱，而地方政府及州政府的保护力度却不断在加强。

2. 加拿大的农地保护政策

加拿大的人均占有农地量远远高于美国及欧盟的许多国家，但农地流转率却仅为美国的1/10。自20世纪70年代初开始，加拿大的农用地保护就进入了国家的政策议程。由于加拿大是联邦制国家，许多地区的立法集权化并不高，地方政府根据自身情况制定与之相适应的农地保护政策，有自己的规划立法。如不列颠哥伦比亚省和魁北克省先后制定了严格的法律，颁布《农地委员会法》和《农地保护和农业活动法》阻止或减缓在优质农地上的城市开发。尽管各地的农地保护政策不同，但基本都要按照农地质量对农地保护区进行划定，限定农地保护区的用途。同时市政府与州政府的规划要保持一致，绝大多数的用地规划都要求市政及其他部门批准,下级政府的规划需要获得上级政府的许可。某些省份的土地保护政策还体现在将土地租赁给那些缺乏购买资金的农户,以实现"耕者有其地"。市政当局加强对主要农业区的确认和保护,在不到万不得已的情况下杜绝一切被非农化的可能性。

3. 法国的农地保护政策

法国的人口密度在欧盟各国中处于较低水平,但城市化速度较快。为减少农地流转的城市化压力,1968 年,法国首先实行优先购买权,并成为这一制度的代表性国家。当土地所有者愿意出卖自己的土地时,政府或政府的指定机构便可以优先购买其土地。法国还将农地纳入农业区域环境保护规划框架,并针对土地权益的归属问题制定了一系列政策。其中包括限制小块土地分割合并;明确土地农场主归属,所有权集中在一个人身上,所有权的转移也限制在个人与个人之间;私有土地只准用于农业经营,不可随意遗弃生产效率低下的土地,不得在耕地上施工建筑,否则国家将有权购回土地或勒令土地所有者出租。法国还规定,农地经营面积达到一定数量者在购买、贷款等方面都会得到相应优惠。

4. 英国的农地保护政策

作为发达国家,英国城市人口密度相对较高,人多地少,城市化现象显著。与其他国家相比,英国在控制土地用途方面主要通过一系列的规划体系来完成。如在 1938 年,英国就制定了《绿带法》,用于控制城市扩张和农地保护。"二战"结束以来,英国政府又颁布了多项致力于农地保护的法令。如政府鼓励农场向大型化、规模化发展,为愿意合并的小农场支付一定费用,尽量取消小型农场,对原小农场主提供高额补助金或提供终生养老金,以保障他们失去农场后的生活。此外,英国还将农地保护的范围扩大,将所有乡村纳入到农地保护的范围。总的说来,20 世纪 60—70 年代,英国政府主要致力于提高农地生产力,增加粮食产量,确保国家粮食安全,80 年代后英国对农业保护的目标则转向了改善农村环境、发展农村经济。

5.欧盟有关鼓励其成员国进行土地保护的政策

欧盟各成员国实行共同的农业政策,将直接的农作物补贴和耕地价格支持结合起来,以此加强对各成员国农地的保护。为了应对农产品过剩、农业收入下降等农业生产困境,欧盟自80年代起,开始实行降低产量政策,采取措施鼓励其成员国农户降低生产水平。基于提高技术含量以减少农地数量的考虑,欧盟制定了"休耕政策",根据成员国停止耕种土地的数量给予补贴,对于临时性非农用途同样给予相应补助。欧盟还制订了一项以保护耕地环境为主的"绿色议程"计划,直接把财政补贴转向支持有机农业和环境保护,引导农民采用对环境污染小的生产方式。此外,随着社会对生态农产品需求的日益扩大,欧盟还建议凡符合环境要求的农业休耕地,各成员国都要予以关注和支持。

(三)部分新兴发展中国家(地区)的农地保护政策

1.以色列的农地保护政策

以色列国土面积小,降水量少,农地匮乏且分散,但农地产出率却很高,这与以色列重视农地保护密不可分。以色列是高度中央集权国家,主要由中央政府统一进行分区管理,将国家土地进行分区,审核批准地方用地规划,地区所制定的规划不得与国家统一规划相冲突。同时,以色列还有一个国家级的农地保护领导小组,该领导小组除了审核批准国家级规划外,还要对农地转用进行审批。20世纪90年代后期,由于担心城市的快速扩张所带来的后果,以色列开始对中心地区规划进行重新修订,强调了对空地的保护,在可持续发展上赋予了农地保护新的意义。

2.韩国的农地保护政策

自1953年朝鲜战争结束后,韩国建立了自耕农经营体制发展农业,并在1972年制定了《农地法》保护农地。首先,国家以法律形式对农地进行等级划分,如将土地划分为城市用地、准城市用地、绝对农地、准农地和自然资源保护地五类。其中,绝对农地由法律所明确,并对公众加以公告。农地的转用必须经林业部门许可并缴纳一笔替代农地造地费。替代农地造地费将转变为农地基金,由农业基础公社掌握,用于新造农地、农业基础设施建设。另外,政府规定,土地所有者或使用者有义务开发农地生产力,农地一旦空闲或无主,政府将指定其他代耕者。韩国还制定了农业振兴法,力求提高农民素质及经营能力,改善农业技术水平。在国内通过调查,设立农业开发区,制订农地开发基本计划,批准农地开垦申请,确定土地所有者的农地开发义务,农场主不得任意转让已开发的农地,地方政府对开发后农地实行定期检查。①

3. 台湾地区的农地保护政策

在过去的半个世纪中,我国台湾的城市化率提高了近一倍,达到805多,耕地面积则基本持平。这与台湾在不同发展阶段上采用的农地保护政策有关:耕地实行"三七五"减租政策,扶持自耕农,保证土地农有,提高农民的生产积极性。农地适度兼并,设定耕地的最小分割单位,避免农地碎化。划分土地使用区进行分区管制,防止农业用地特别是优良农地盲目非农化。为满足经济发展对土地的需求,台湾当局还采取总量监控的原则逐渐释出农地,采取奖惩结合的方式落实农地农用。为减少工业对农地的占用,还划分工业、农业隔离带,限制周围工厂对农地的扩张与污染。

(四)各国(地区)农地保护政策的借鉴意义

首先,城市化并不意味着蚕食耕地,萎缩农业,国家或地区城市化的同时可以通过合理利用土地资源,提高土地利用效率保证农业的可持续发展。以上国家和地区的经验表明,正确处理农耕与造地的轻重缓急,平衡工业与农业的发展,使之共同进步有着重要意义。

其次,土地制度是否合理对农地保护至关重要。农地利用效率的提高依靠中央政府与地方政府的共同努力,只有通过制定科学公平的用地准则,上行下效,官民一致,才能发挥法律的效力。不同地区资源

---

① 杨兴权、杨忠学:《韩国的农地保护与开发》,载《世界农业》2004 年第 11 期,第37—39 页。

禀赋的差异导致农地保护的方式不同,但总的来说,必须根据自身情况来制定。

再次,农地保护要权衡各方利益,作长远计,农地流失的最大原因在于非农地利益驱使。由于我国还有相当一部分的农民处于相对贫困之中,农民为了解决自身温饱有时不得不放弃农耕。在农地保护资金的投入力度上我国与发达国家仍有差距,因此许多发达国家的奖惩措施在我国只能作为借鉴,不可能完全照搬。因此,解决我国的农地问题,根本还在于提高农民生活水平,降低外部利益刺激因素。

最后,在具体的保护手段上,各国都较为重视立法保障的完善,不仅仅局限于耕地保护,而是从保护、充分利用和开发土地以及农业发展的高度全方位地考虑,管理手段涉及法律、经济与行政方式。同时,各国都注重调动各方尤其是农地所有者的积极性,这一点在美国、韩国等国家尤为突出。另外,农地保护应该采取灵活务实的做法,这也是各国农地保护政策得以有效实施的关键。

二、有序推进城镇化,缓解农地保护压力

(一)确定合理的城镇化速度

城镇化是指人口等生产要素由农村流入城市所引起的经济社会结构转化过程,不仅仅体现在城镇数量、城镇人口比重的增加,还体现了人们的生活由农村型向城市型转移的过程。城镇化应该以农村经济的繁荣和发展为前提,要想改变城乡二元结构,必须统筹城乡经济社会发展,落实科学发展观,以城市带动农村,发挥城市对农村的辐射作用。地区政府必须因地制宜,制定城镇用地规划,防止城镇用地过度扩张,确定合理的城镇化发展速度,而不仅仅把城镇化率作为当地经济发展的唯一指标。

(二)优化城镇用地

近年来我国城镇化发展朝着"大中小城市和小城镇协调发展"的趋势发展,都市圈、城镇群和城市带等新型城镇方式逐渐出现。城市规

划不再一味追求扩张求全,而朝着以一个主要城市为中心,四周散布许多中小城镇的卫星式布局发展。在空间布局上,城乡存在功能、行业和景观等方面的差异,这是自然历史所造就的,城镇化的同时,我们应保留城乡差异特色,尊重城乡布局规律,对已形成的城市群格局要加强分工协作和优势互补,促进城市群的整体发展。提高区域内城市的人口聚集能力,尽量避免因城市人口增加而造成的城市空间扩张。积极促进新型小城镇的形成,聚集其周边地区的人口、经济、生产要素、公共基础设施等。

在我国,工业用地利用低效,工业厂房建筑占地面积大,资源利用浪费现象严重,某些工业生产对周边环境也产生了不利影响。因此,除了在城镇区域内规划空间布局,做到高效用地,城镇之间也应协调规划"用地限制带",加强结构调整,优化工业用地分布,有效合理地利用公共资源,共同促进城镇的和谐发展。对城镇居民居住、工业、商业、基础设施、生态环境等各个方面加以整合,制定科学可行的规划,保障城镇公共基础设施用地与普通住宅用地,对不同功能用地加以合理搭配。对于低密度、低效益的工业企业用地应加以限制或转移,提高城镇用地效率,减少城镇无谓扩张,充分发挥每块土地的潜力。

(三)城镇建设要节约用地

城镇的规模建设目标不能仅仅停留在占地面积大,人口数量多这一层次,城镇的扩张不能以过度侵占农地为代价,近年来我国城镇用地的增长速度远远高于人口的增长速度,农地流失现象严重。城镇建设集约节约用地要做到以下几点:(1)加强城镇用地的法律管制。积极引导、宣传城镇用地规划,使之深入民心,特别应监督约束当地政府的用地行为,使之严格按照上级规划的用地规模进行开发建设,严禁侵占永久性农田。对于违反规划的政府或个人,无论官位大小,都应予以严处。加强土地执法监察,登记管理城镇中所存在的低效、闲置用地,并加以整治。(2)合理统筹城镇的基础设施建设,不能一味贪多求全。基础设施建设应基于当地人们的需要,避免分布不均导致的配置效率低下。现实生活中既存在基础设施建设浪费,又存在部分地区的严重缺失。(3)充分利用地租、地价等经济手段调控城镇的土地利用,土地的转让、出售成本不能与市场价格过于相悖,通过经济手段引导城镇土地利用向集约型转变。(4)提高土地集约型利用水平,优先发展资本或劳动密集型产业,规避土地密集型产业,加强企业经营建设的科技投入,减少厂区地表占地面积。①

三、完善农地保护的补偿机制与激励机制

（一）确定科学合理的农地保护目标

不同时期所决定的农地保护政策也会有所不同。现阶段我国农地所面临的问题主要体现在:人口激增、土地资源稀缺、农地质量差、生态环境恶化、农地非农化趋势明显等。现阶段我国农业保护的目标主要有:通过对各类农地生产力效能的评测制定区域农地保有量,维持区域内农地数量的动态稳定;合理开发利用土地,提高农地养育和生态功能,通过改善农地质量使之长期可持续利用;在开发土地内部潜能的同时,还应保持土地与外部环境的动态平衡,保证良好的农地生态环境,不同的农地生态系统应实现不同的生态功能,农地所属的区域生态环境建设也很重要,外部环境因素对农地的影响是潜移默化的。农地保护的最终目标是实现足以承载养育激增人口、可持续高效发展的农业生产。②

（二）建立农地区域补偿机制

建立耕地保护区域补偿机制的基本方法是:确定耕地补偿的标准,依据各地实际情况测定最低耕地保有量,耕地目标保有量和实际存量

---

① 刘新卫:《从"十一五"规划看我国土地利用严峻态势与对策建议——城镇化与农地保护》,载《国土资源情报》2006年第8期,第44—50页。

② 刘铁军:《现阶段我国农地保护的目标选择》,载《中国国土资源经济》2004年第5期,第21—24页。

之差为耕地盈余或赤字,作为补偿基数和依据进行补偿。

1.区域耕地保护补偿面积的确定

确定区域耕地保护补偿面积主要考虑的因素有耕地粮食产量、农户粮食自给率、消费量等。其中,粮食自给率主要取决于国家安全、粮食安全、社会稳定需要和进出口情况等。在不同时间段,生产工具与生产方式的改进会直接影响当地耕地的实际生产力,据此测算出单位农地最低保有量。单位耕地最低保有量与实际存量会存在一个差额,结合区域单位耕地的产出、耕地等级等因素可得到一个粗略的区域耕地保护补偿面积。

2.补偿的方式和管理

耕地补偿的方式和管理可以通过如下方式确定:"建立国家补偿专项基金,耕地赤字地区以年租形式,划转耕地补偿的资金为国家财政耕地补偿基金。补偿基金再以财政转移的方式划拨给耕地盈余区,耕地盈余区以此用于完善被补偿地的基础设施、提高耕地质量及生态环境的建设。"同时,应完善农地保护区的配套管理措施,包括成立补偿专项基金管理委员会,建立补偿专项基金管理制度,对耕地资源价值的评估,对现存耕地数量的测量,严格考察占用耕地的目的以决定审批与否。[1]

(三)鼓励农民参与农地保护

现有的农地保护政策主要集中于农业税费减免,对农民发放货币补贴,延长承包期,等等。但是这些措施都还不足以激发农民对土地保护的主动性。[2] 亟待解决的问题是:怎样激励农民的参与意识、保护农民收益、疏通农民维权通道、优化农业人口结构等。

---

[1] 张效军、欧名豪、李景刚、刘志坚:《对构建耕地保护区域补偿机制的设想》,载《农业现代化研究》2006年第2期,第144—147、152页。

[2] 马彦琳、马朝群:《农民参与耕地保护的激励机制探讨》,载《国土资源》2006年第8期,第26—27页。

1.进一步改革农村土地产权制度,保护农民对于土地的权益

从土地所有权的角度来看,新《土地管理法》明确了"村内两个以上农民集体经济组织"(即村民小组)的所有权主体地位,赋予村民小组土地所有权,以法律形式明确广大农民的利益。土地所有权统一登记发证,集体土地所有权登记证书是拥有土地的唯一法律凭证,以此规避任意变更、调转集体土地所有权关系。

从土地承包权的角度看,农户不再单一拥有土地的使用权而发展到集中占有、使用、收益和处分权等权利合一的承包经营权。延长土地承包期限,允许不同地区、不同条件的土地适当延长期限。

从集体土地处分权的角度看,应满足土地资源优化配置的需要。在不冲突国家法律政策的前提下鼓励土地使用权跨区域、跨行业流动。另外,还需保障农民长期稳定的收益权。①

2.构建农民参与土地保护的各项制度

(1)建立土地政策农民制订参与制度、土地权利申诉制度。目前我国耕地保护的制定过程中,农户参与程度过低,作为耕地资源的直接使用者,农户对耕地保护的理解更为深刻。(2)要不断完善村民自治制度。对大部分村民而言,土地是他们最重要的经济资源。在公开提名的情况下,如果村领导竞争连任,那么做出的土地政策就能够反映出村民的意愿,从而有利于农户合理利用耕地。非公开的提名方式不能对村领导的行为产生约束,不利于村民意愿的体现。在个别地区,村干部随意支配机动地,利益分配不均产生矛盾,农户上访现象频频。②

3.进一步完善征地制度改革,强化耕地保护的经济手段

前文已对有关征地制度改革的问题进行了论述。在此只作必要的

---

① 唐秀君:《改革农地产权制度切实保护农地》,载《国土经济》2001 年第 5 期,第31—32 页。

② 马彦琳、马朝群:《农民参与耕地保护的激励机制探讨》,载《国土资源》2006 年第 8 期,第 26—27 页。

补充。我国总体上进入城市支持农村、工业反哺农业的新阶段,在一定程度上具备了强化农地保护的物质基础和条件。农地保护包括数量保护和质量建设双重含义。由于耕地转为建设用地会产生一定的增值收益,限制农地流转的做法事实上剥夺了农民获得土地增值收益的机会,国家应适当予以补偿,强化耕地保护的经济激励;城镇建设对耕地的占用通常是通过合法征用实现的,这种征用改变了土地所有权,实际上也剥夺了农民相关权利,当前征地补偿标准过低且常常难以兑现,有必要适当提高征地补偿标准,完善保障措施,通过增加征地成本使城镇建设用地更加集约高效,减少城镇建设用地扩张对农地特别是耕地的需求。另外,耕地不仅具有生产功能,还具有生态功能,耕地外溢的生态效益给社会带来了巨大的生态服务价值,因此,政府应通过经济手段,对这种外部经济活动进行鼓励,适当增加在农田基本建设方面的资金投入,不断提高耕地综合生产能力。[1]

四、完善保护农地的各项政策

首先,应加强公众对我国农地利用现状的认识,深刻了解土地资源的稀缺性与重要性,尤其应针对地方政府部门的管理者,使之明白农地流失的代价严重,谋一己私利会对当地人民生活带来种种弊端。

其次,农地利用总体规划应该建立在科学严谨的论证之上,具有严肃性、强制性与权威性。在法律保护,任何单位或个人都不得擅自更改、违规。如有特殊需要则应该向上级部门报批,得到批准后方可实施,否则,应根据法律规定予以惩处。

再次,我们不仅应制定严格的耕地保护惩处规则,还应配套相应的政策激励措施。判断奖惩标准不仅限于是否当期实现了人民生活水平的提高、实现了经济快速发展,还要考虑是否有损农地生态环境,是否

---

① 刘新卫:《从"十一五"规划看我国土地利用严峻态势与对策建议——城镇化与农地保护》,载《国土资源情报》2006 年第 8 期,第 44—50 页。

能实现农地的可持续发展使用。另外,可辅以经济手段,扭转可能导致农地流失的不利倾向,引导农地的正确使用。

另外,应加强对土地使用部门的监管力度,防止部分官员以权谋私,利用征地进行寻租活动,土地管理权应做到归属清楚,全面体现社会的长远利益,明确上级与下级的权责关系,实行垂直领导。

第 七 章

我国农地制度变革中的政府职能分析

　　"三农"问题引起社会各界的广泛关注,理论和实践一致表明:解决"三农"问题,功夫在"农"外。无论是通过调整农业产业结构推进农业产业化进程,还是采取多种措施加速农村剩余劳动力转移,都直接或间接地与土地政策有关,而土地政策的制定与执行,则直接与政府职能转变有关。

第一节　政府在农地制度变革中的行为分析

一、1949 年后我国农地制度变革的基本过程

　　我国是一个农业大国,土地问题一直是农民问题和农村问题的关键。从总体上看,新中国成立以来,农村土地政策大致历经了三个阶段的演变:土地改革、农业集体化、家庭联产承包责任制,对此前文已做详解。我国农村土地政策的历史变迁,走过了漫长而又曲折的道路,通过对这一历程的总结,可以得出以下启示:一,一定要遵循市场关系,适应生产力发展水平的规律来制定土地法律、法规和政策,使土地制度适合

我国农业生产力发展的要求。二,土地政策要切实保护农民权益,提高农民生产积极性。三,不断创新农地经营模式,优化农地资源配置,以达到"以自有之地,满足自有之民"的粮食安全政策。

二、地方政府是推动土地制度创新的重要主体

（一）地方政府是土地制度创新的重要主体

改革开放 30 年来,地方政府是我国农村土地制度的重要创新主体。地方政府制度创新的优势表现为三个方面:一,农民、社区与地方政府的利益联系最为紧密。通过地方政府的协调,有助于解决新旧制度间的冲突,完善新制度体系。二,与中央政府相比,地方政府的制度创新源于绝大多数农民的诉求,更易于与农民达成理解和共识,有利于制度资源的充分开发和利用。三,相对于单个农户而言,地方政府有更强的行动能力,在市场调节的基础上,辅之行政手段追求本地经济利益的最大化,节约制度创新成本。例如,地方政府在 20 世纪 80 年代初实施的家庭联产承包责任制中发挥了重要的作用。

（二）土地制度变革中的地方政府行为分析

能否降低制度创新成本,提高制度创新收益是衡量地方政府在土地制度创新中的重要作用的具体体现。为了更好分析地方政府的制度创新绩效,下面介绍三种典型的制度变革模式:贵州湄潭"增人不增地,减人不减地"模式;南海股份合作制模式;山东平度的"两田制"模式。

1. 湄潭"增人不增地,减人不减地"模式

贵州省县作为首批农村改革试验区之一,从 1987 年开始,就进行了土地制度的改革试验。1985 年,湄潭县的人均耕地仅 1.27 亩,且多数耕地属于山地性质,这就需要增加投入以调整耕地。"增人不增地,减人不减地"模式促进了农户对单位农地的投入,增长了部分农户的单位收益。但这种土地分配方法可能会损害人口增加的农户的利益。为此,该县以丰富的非耕地资源,解决净增人口对土地的需求,这是因

地制宜的制度创新,但又正因其是"因地制宜",难为他人照搬。

2. 海南股份合作制模式

邓小平1992年南巡讲话后带来了海南的建设热、投资热。同年,广东省南海市开始了土地股份合作制改革试验。其间,大量土地被征用,地价开始上涨,农民的"惜地"心理受到强化。地方政府为推进城市化和工业化进程,必须集中土地以便实现土地的集约化利用。但是如果通过行政力量剥夺农民的土地承包权将引起强烈的社会矛盾,如果采取赎买的政策,成本又太高,也不符合国家的政策。只有采取一种互惠互利、农民参与的改革制度才能保障双方的利益,而土地股份合作制就能达到这种要求。这种制度不但可以实现土地的集约化利用,还可以将土地价值按股份界定到人。对农民而言,这种制度既可以为他们提供更多的就业机会,也可以通过股份分红享受土地增值所带来的收益。通过该制度安排,地方政府财政实力增强,使大部分镇、村、社有能力为农民提供社会福利和社会保障。

3. 平度"两田制"模式

山东平度"两田制"的具体做法是:将承包地分成责任田和口粮田,责任田是按人、按劳或招标承包,承包者需交纳一定数量的承包费,而口粮田则是按人口平分。"两田制"既可以相对容易地获得税收和各项费用,又可以保持家庭经营制度的稳定,所以,它较好地实现了"公平与效率"的原则。

三、农地流转与农地保护中的政府行为分析

地方政府在农村土地方面的行为一直备受争议。地方政府在配置资源、降低成本,满足需求的同时也造成了一些负面影响。如,批评者认为,地方政府"以地生财",损害了农民的权益。

（一）农地流转中的政府失灵

政府的行为可以对农民的土地财产权形成保护,也可能形成侵犯,而后者正是当前的焦点问题之一。政府不受约束的征地行为,产生了

诸多消极的影响,直接侵犯了农民权益,并最终导致经济的不可持续增长。

1. 过度征地产生消极影响

对此前文已有大量分析,在此不做赘述,简言之:首先,它引发了地方政府盲目招商引资,大量重复建设,违规违法逐利。其次,它可能诱发金融危机,土地作为各地土地储备中心的主要抵押标的,直接影响当地政府与金融机构的运行,稍有闪失,容易导致严重的金融危机。再次,农地过度流转会造成农村财富流失、农地资源浪费,由此导致的人地矛盾等不和谐因素有违城乡统筹的大计。

2. 制度缺失导致地方政府过度征地

经济转轨尤其是分权化改革以来,各地区、各层级政府为利益诱使,将农地流转为他用的现象普遍,为了在竞争中取得优势,政府有强烈的推进农地非农化的冲动,由此形成了典型的"囚徒困境"博弈均衡。从理论上讲,如果中央政府宏观调控得力,地方政府间的竞争未必成为"囚徒困境",但由于政策制定所存在的缺陷及执行力度上的不足,中央宏观调控并未达到应有效果,农地流失仍为严重。

各地政府纵容农地非农化行为主要归因于现行农地政策上的漏洞,主要表现在以下几个方面:首先,土地征用权行使范围被泛化;其次,农地所有权主体不明;再次,缺乏对地方政府征地行为的约束,对此前文已进行分析,不再赘述。现行土地利用规划制度存在以下有待完善的地方:(1)规划修改的适用范围、条件和程序有待明确,部分地区存在利用城市规划更改用地规则的行为;(2)缺乏公众参与监督体系,助长了违规者瞒天过海、以权谋私的行为;(3)对于政府违法违规强征农地的行为惩处不力,部分地区甚至出现官官相护、官商相护,包庇纵容的行为。

(二)政府保护农地的政策时有失灵

对此前文已进行了较为详细的论述,在此仅作简要补充。

1. 某些引起农地市场失灵的因素进一步导致政府机制失灵。首先,农地保护和土地利用不仅对土地所有者及经营者存在外部性,同时对当地及政府组织也具有外部效应。地方政府秉承中央政策应致力于农地保护,防止其遭受浪费或破坏。但现实中地方政府考虑到当地经济发展,或受短期利益诱使,常常出现官商联盟,放宽土地流转条件,甚至纵容某些非法用地、占地行为。农地利用沦为地方政府与征地者的利益牺牲品。① 其次,农地保障功能可能弱化市场对土地的高效配置,政府应通过城乡统筹的办法来建立与城市一致的农村社会保障体系,以期弱化农地的保障功能,但这一过程将具有长期性和渐进性:人增地减的趋势还在继续;农村剩余劳动力向非农产业转移的速度赶不上农村劳动力总量增速;农村社会保障在相当长的时期内仍将以家庭保障为主。政府在配置土地资源时必须兼顾公平与效率,防止失地对社会稳定的影响。再次,"恋地"心态对土地制度变迁的刚性约束。②

2. 政府机制有内在缺陷

由于政府机制本身所存在的缺陷,较之市场作用,政府干预有时会造成更大的损失。政府行为的目标、政府行为的传递和政府行为的检验都具有非市场性特征,导致其在农地资源配置上产生不可克服的缺陷。首先,政府所追求的目标与公众目标往往会出现偏差,双方利益最大化准则不同导致政策制定与实施存在偏差。公众的监督可以在一定程度上缩小这个差距,但其成本高昂。从中央到地方,层层政府机构阻碍了信息的实时收集与传递,出于自身利益的考虑,弄虚作假、刻意隐瞒之事时有发生,这些都为中央制定耕地保护政策带来不便。相对于个人所需承担的低廉成本,政府官员更倾向于采取违心违规的机会主义行为。③

---

① 戴星翼:《环境与发展经济学》,立信会计出版社 1995 年版。
② 戴星翼:《环境与发展经济学》,立信会计出版社 1995 年版。
③ 钱文荣:《试论我国农地利用及保护中的市场缺陷与政府不足》,载《浙江社会科学》2000 年第 5 期,第 141—145 页。

第二节 我国农地制度改革的方向与目标

为发挥政府在土地资源配置、利用和保护上的宏观调控作用,缓解人地矛盾、保障农民生活、维护社会安定,有必要适时调整我国土地政策的目标,明晰我国农地制度改革的方向,构建与之相配套的对策措施体系。

一、改革以来我国土地政策的基本目标

整个农业发展目标是我国土地政策目标的基础。20 世纪 90 年代以来,我国的土地政策和制度安排都是围绕明晰产权、增强土地效能、保护土地资源、提高农民承包土地的积极性,并以效率优先兼顾公平为基本出发点。[①] 其基本目标主要集中在以下三个方面:(1)赋予农民长期而稳定的土地使用权,保障农产品供给。这一点是我国土地政策目标的基本点,它是保障农产品供给能力的基础。强调"土地经营期限30 年不变"和"赋予农民长期而有保障的土地使用权"等,其用意是通过稳定土地承包权的公平性,对农民产生激励作用,以提高土地使用率。(2)保护稀缺土地资源,实现土地利用的可持续性。为实现土地资源的可持续性利用,国家向来非常重视保护土地资源,鼓励异地开发补充耕地,要求耕地占补平衡,多途径防止土地抛荒。(3)优化土地等资源配置,提高土地利用的集约化程度。在坚持土地集体所有,土地用途不变和农民自愿的前提下,允许土地使用权依法有偿转让。不论过去的"两田制",还是后来的"四荒"地拍卖和土地股份制的推行,都体现了效率优先。[②]

---

① 江华、万本红:《中国土地政策目标的障碍与现实选择》,载《华南农业大学学报》2004 年 3 卷第 1 期。

② 石霞、张燕喜:《我国农村土地制度改革思路的评析与思考》,载《中共中央党校学报》2003 年第 1 期,第 82—87 页。

二、实现土地政策目标的主要障碍

我国土地政策目标较为明确与合理,但在市场经济条件下,由于某些内外部环境的制约和客观规律的作用,土地政策目标与现实生活存在偏差,严重扭曲了其中效率与公平的关系。主要表现为:一是土地使用权与产权所属主体的非一致性。虽然"土地管理法"规定土地产权归集体所有,国家也希望赋予农民稳定的承包经营权,但"集体"的内涵却没有明确的界定,加之监督制度的缺失,农村土地的集体所有制有可能被扭曲为公有制包装下的权力所有制,大大增加了农民承包土地的风险,不仅不利于土地产出率的提高,还不利于农产品的稳定供给。二是耕地资源保护与比较利益的冲突。近年来,我国耕地锐减的实质是市场经济条件下资源配置不当的结果,而不是城市化与工业化进程加快发展所致。在农业基础设施建设不完善、农产品价格体系不健全的情况下,农业生产比较收益较低,加速了农业用地向非农用地的转变。土地利用间的比较收益差异是影响我国耕地资源保护的主要障碍之一。三是土地的社会保障功能与经济功能的冲突。提高土地配置效率的前提是保证土地功能的单一性,作为经济发展中的重要资源,土地应该以经济功能为主。但在农村社会保障体系不健全、农村剩余劳动力城镇就业不稳定的情况下,农民不可能放弃农村土地承包权,农村土地必然具有社保功能,其经济功能的实现将受到抑制。同时,农村土地使用权流转机制不健全,科学合理的土地使用权流转价格体系与流转监督机制未能建立,制约了土地流转的规模和效率,制约了土地经济功能的实现。[1]

三、我国土地政策改革的基本目标

近年来,我国政府出台的一系列土地改革措施都是与经济增长、城市化与现代化相呼应的,许多政策措施对增强农民生活稳定性、降低农

---

[1] 江华、万本红:《中国土地政策目标的障碍与现实选择》,载《华南农业大学学报》(社会科学版)2004 年第 1 期,第 9—13 页。

地流失速度、提高城乡居民生活水平都起到极大的促进作用。相当一部分土地政策改革减缓了农地流失的速度，增进了土地市场交易能力，稳定了农民与农地的关系。但是，在土地政策层面仍存在一些挑战。这些挑战或深或浅触及各个政府机构的利益，只有通过大规模协调管理，才能加以缓解。基于前面的分析和研究总结，一个完整的土地政策改革框架应包括以下几方面：一是要大力促进农业发展，加大对耕地的保护力度，提高农产品的供给能力。一方面通过土地的市场化流转提高农业生产效率；另一方面通过建立农村社会保障体系，支持农村人口向城市合理流动。二是促进服务业、制造业、房地产业的发展。在综合考虑宏微观因素、内外部环境的基础上，通过市场机制为城市的扩张提供土地。三是为各级地方政府提供财政收入。具体做法是：把土地作为可持续公共收入的基础，为基础建设和公共服务提供资金。四是对土地利用进行合理规划，使之与经济增长呈正相关关系，并在倡导生态建设的前提下，既注重经济建设，也强化环境保护。五是保障土地所有者权力，增强土地管理和土地权利的一致性、整体性。城市和农村的土地政策应具有平等性与一致性，在协调好各方面关系的基础上，实现各方共赢。

第三节　政府农地政策改革的具体途径

几十年的农村土地制度变革中，政府主导作用的发挥是我国土地产权制度变革的驱动力，也极大提高了土地制度创新效率。政府的政策着力点体现在以下几个方面："增强农民的民主权利，使农民的需求和期望得到充分表达，增强地方政府制度创新的民主性；调整权力结构，理顺中央与地方关系，既要赋予地方政府制度安排的供给权，又必须建立相应的中央调控机制；完善决策过程，提高政府的创新能力。"[1]

---

① 陈天宝、许惠渊、庞守林：《农村土地制度变革中的地方政府行为分析》，载《农业经济问题》2005 年第 1 期，第 44—49、80 页。

在此基础上,我国进一步深化农地制度改革的基本途径包括以下几个基本的方面。

一、确保农村土地拥有者的正当权利

这一方面的改革建议在有关农地使用权与所有权改革的研究中已有所论述,主要体现在以下几个方面:第一,改变政府的征地方式;第二,通过立法保护农村土地承包权,固化土地承包权,推进土地使用权的市场化和长期化;第三,建立完善的土地权利登记制度,降低土地流转中的各类成本;第四,建立符合我国国情的征地方式,并对征用土地的用途进行严格限制。

二、提高农地的使用效率

关于农地保护研究,前文已有阐述,在此仅做以下补充:第一,用统筹城乡的理念做好农村和城市用地规划;第二,利用市场定价,提高各类用地的使用效率;第三,提高土地集约化利用水平,引进激励机制,提高各主体追加土地投入的积极性,为土地的集约利用营造必要的内外部环境。

三、改革与土地税费有关的各项制度

改革与土地税费有关的各项制度,以保证与土地有关的各项税费能够成为地方政府税收的持续来源,避免地方政府涸泽而渔。这方面的基本措施包括:第一,评估土地储备的目的和功能。建议相关部门制定一部有关土地储备的全国性法律。第二,规范与土地有关的税费,发挥其引导约束力,防止其对不动产市场产生的负效应。第三,选择以市场价值为基础的财产税方案,在执行过程中可采取适当的行政管理和土地记录等方案。

四、确保法律的系统性和规范性

对于政府而言，很有必要对整个土地法律框架进行一次综合的、系统的审视，在此基础上着手缩小土地法律框架与现实的差距，弥补所存在的不足，如：规范土地收益权质押贷款的政策、法律；为农地承包引入抵押权；修改、完善《农村土地承包法》中的部分内容；明晰"公共利益"的法律界限；通过教育、宣传加强农民对农地重要性的认识以及农地流转的理解，使其明确自己的权利与义务。作为弱势群体，因农民知识水平有限，很难充分理解相关法律。这就要求政府主导开展各种形式的教育培训，通过建立法律援助机构为农民提供免费的法律支持，设立专门处理土地纠纷的土地法庭或仲裁机构，为解决人地矛盾、保障农民权利提供申诉渠道。

五、加强政府行政能力，规范政府行政行为

这方面的主要改革措施包括：第一，提高管理者的能力，使土地管理者掌握在市场经济条件下如何进行土地管理的重要技能和相关知识[1]；第二，通过法律形式规范政府机构行为，明确各级政府和相关管理机构、服务机构的责、权、利，并严格实施；第三，建立土地违法违规使用问责制，形成相应的人才市场，完善监督机制，使政府管理土地的行为充分体现公众意愿。[2]

六、健全农村社会保障制度，优化外部环境

土地使用权的特殊性决定了土地使用权的效率与公平的复合载体。为了更好的解决这一对矛盾，就需要健全农村社会保障制度，消除

---

[1]　国务院发展研究中心"我国土地政策改革"课题组：《我国土地政策改革：一个整体性行动框架》，载《中国发展观察》2006 年第 5 期，第 4—9 页。

[2]　陈安宁：《公共资源政府管理初论》，载《资源科学》1998 年第 2 期，第 22—27 页。

农民对生产、生活的顾虑。社会保障制度的建立应实行"三级"共同承担的原则,"三级"包括政府、集体和劳动者。只有"三级"合理分担才能有效解决农村社保范围广、资金需求量大的问题。因此,农村社会保障制度的建立,有利于土地流转和优化配置,还有利于实现土地政策的公平与效率兼顾目标。①

① 江华、万本红:《我国土地政策目标的障碍与现实选择》,载《华南农业大学学报》(社会科学版)2004年第1期,第9—13页。

参考文献

中文部分

1.《马克思恩格斯选集》第 2、3 卷,人民出版社 1972 年版。

2.《马克思恩格斯全集》第 4 卷,人民出版社 1958 年版。

3.《马克思恩格斯全集》第 25 卷,人民出版社 1974 年版。

4.《马克思恩格斯全集》第 27 卷,人民出版社 1972 年版。

5.《马克思恩格斯全集》第 46 卷(上),人民出版社 1979 年版。

6.《资本论》第 3 卷,人民出版社 1975 年版。

7.《毛泽东选集》第 3 卷,人民出版社 1991 年版。

8. 查尔斯·沃尔夫:《市场或政府》,中国发展出版社 1994 年版。

9. 康芒斯:《制度经济学》,商务印书馆 2007 年版。

10. 道格拉斯·C·诺思:《经济史中的结构与变迁》,上海三联书店 1994 年版。

11. 赫尔南多·德·索托:《资本的秘密》,江苏人民出版社 2005 年版。

12. 詹姆斯·C·斯科特:《农民的道义经济学——东南亚的反叛

与生存》,译林出版社 2001 年版。

13. 盛洪:《现代制度经济学》,北京大学出版社 2003 年版。

14. 周诚:《土地经济学原理》,商务印书馆 2003 年版。

15. 毕宝德:《土地经济学》,中国人民大学出版社 1998 年版。

16. 张红宇:《中国农村的土地制度变迁》,中国农业出版社 2002 年版。

17. 王琢、许滨:《中国农村土地产权制度论》,经济管理出版社 1996 年版。

18. 樊纲:《渐进之路——对经济改革的经济学分析》,中国社会科学出版社 1993 年版。

19. 赵淑德:《中国土地制度史》,三民书局 1988 年版。

20. 王文甲:《中国土地制度史》,国立编印馆 1965 年版。

21. 武力:《中华人民共和国经济史(上册)》,中国经济出版社 1999 年版。

22. 当代中国丛书编委会:《当代中国土地管理》,当代中国出版社 1998 年版。

23. 朱绍侯:《中国古代史(上册)》,福建人民出版社 1982 年版。

24. 林毅夫:《制度、技术与中国农业发展》,上海三联书店、上海人民出版社 1992 年版。

25. 丁泽霁:《农业经济学基本理论探索》,中国农业出版社 2002 年版。

26. 费孝通:《江村经济》,江苏人民出版社 1986 年版。

27. 费正清:《美国与中国》(中译本第 4 版),商务印书馆 1987 年版。

28. 刘书楷:《土地经济学》,中国农业出版社 1996 年版。

29. 黄宝奎:《比较金融制度》,厦门大学出版社 1989 年版。

30. 张庆华:《中国土地法操作实务》,法律出版社 2004 年版。

31. 杨立新:《物权法》,中国人民大学出版社 2004 年版。

32. 王卫国:《中国土地权利研究》,中国政法大学出版社 1997 年版。

33. 江平:《民法学》,中国政法大学出版社 2000 年版。

34. 曹凤歧:《中国企业股份制的理论与实践》,企业管理出版社 1989 年版。

35. 周林彬:《物权法新论》,北京大学出版社 2002 年版。

36. 戴星翼:《环境与发展经济学》,立信会计出版社 1995 年版。

37. 谭崇台:《发展经济学辞典》,山西经济出版社 2002 年版。

38.《新帕尔格雷夫经济学大辞典》,经济科学出版社,1992 年版。

39. 杨继瑞:《建设新农村的理论引申》,载《改革》2006 年第 7 期。

40. 杨继瑞:《关于四川社会主义新农村建设的若干思考》,载《农村经济》2006 年第 4 期。

41. 杨继瑞:《对我国城郊农地流转状况的分析与思考》,载《上海农村经济》2005 年第 2 期。

42. 杨继瑞:《土地产权的若干问题思考》,载《上海农村经济》2004 年第 6 期。

43. 杨继瑞:《我国农村土地资源配置市场化问题探讨》,载《中国土地问题研究》,中国科学大学出版社 1998 版。

44. 鲍海君、吴次芳:《论失地农民社会保障体系建设》,载《管理世界》2002 年第 10 期。

45. 陈业渊:《印度农业发展与土地资源保护》,载《热带作物译丛》1990 年第 5 期。

46. 陈志刚、曲福田、黄贤金:《转型期中国农地最适所有权安排——一个制度经济分析视角》,载《管理世界》2007 年第 7 期。

47. 陈志英、朱勇:《论农用土地使用权》,载《法律科学》1999 年第 4 期。

48. 陈多长:《中国农地产权制度改革的理论探讨》,载《河南大学学报》(社会科学版)2001 年第 1 期。

49. 陈天宝、许惠渊、庞守林：《农村土地制度变革中的地方政府行为分析》，载《农业经济问题》2005 年第 1 期。

50. 陈安宁：《公共资源政府管理初论》，载《资源科学》1998 年第 2 期。

51. 陈剑波：《制度变迁与乡村非正规制度——中国乡镇企业财产形成与控制》，载《经济研究》2000 年第 1 期。

52. 陈锡文：《长期坚持党的农村基本政策，稳定完善农村土地承包制度》，载《农村合作经济经营管理》2002 年第 12 期。

53. 谌种华、于正林：《农村集体建设用地流转的法制探讨》，载《南方农村》2005 年第 2 期。

54. 邓大才：《制度失灵：农地交易失控之源》，载《调研世界》2004 年第 2 期。

55. 邓大才：《效率与公平：中国农村土地制度变迁的轨迹与思路》，载《经济评论》2000 年第 5 期。

56. 邓大才：《农户土地承包权的性质变革及制度选择》，载《东方论坛》2000 年第 4 期。

57. 董雅珍：《关于农民负担问题解析》，载《社会科学战线》2001 年第 5 期。

58. 董琦：《中国农村土地政策的调查与思考》，载《天津行政学院学报》2003 年第 4 期。

59. 汪丁丁：《制度创新的一般理论》，载《经济研究》1992 年第 5 期。

60. 董利民、张明、伍黎芝：《可持续土地整理评价体系研究》，载《湖北农业科学》2006 年第 1 期。

61. 付庆云：《印度的土地管理》，载《国土资源情报》2001 年第 1 期。

62. 范金民：《清代苏州宗族义田的发展》，载《中国史研究》1995 年第 3 期。

63. 范金灏:《对我国农村集体建设用地流转问题的探讨》,载《中国集体经济》2007 年第 5 期。

64. 范恒森:《论农村金融组织的发展与创新》,载《经济研究》1996 年第 4 期。

65. 冯正钦、林敬耀、刘连舸:《中国农村金融改革新思维》,载《银行家》2005 年第 7 期。

66. 高迎春、尹君、张贵军、王彦魁:《农村集体建设用地流转模式探析》,载《农村经济》2007 年第 5 期。

67. 盖国强:《新阶段农村土地制度改革目标是建立现代土地制度》,载《山东农业大学学报》(社会科学版)2004 年第 2 期。

68. 国务院发展研究中心"中国土地政策改革"课题组:《中国土地政策改革:一个整体性行动框架》,载《中国发展观察》2006 年第 5 期。

69. 胡麒军:《论我国农地产权制度变革》,载《甘肃农业》2004 年第 7 期。

70. 韩鹏、许惠渊:《日本农地制度的变迁及其启示》,载《世界农业》2002 年第 12 期。

71. 黄志冲:《21 世纪初叶:中国农民负担治理的转型阶段》,载《调研世界》2000 年第 10 期。

72. 黄利宏、叶伦文、晏坤:《农村集体建设用地自发流转的原因探讨》,载《农村经济与技术》2003 年第 1 期。

73. 黄天柱、夏显力、崔卫芳:《我国农地金融制度构建的几点思考》,载《软科学》2003 年第 5 期。

74. 黄小彪:《我国农地金融制度建设的思考》,载《南方农村》2002 年第 3 期。

75. 黄洁:《我国农民收入问题的现状及对策》,载《安徽农业科学》2007 年第 29 期。

76. 洪名勇:《论马克思的土地产权理论》,载《经济学家》1998 年第 1 期。

77. 洪名勇、施国庆:《欠发达地区农地重要性与农地产权:农民的认知——基于贵州省的调查分析》,载《农业经济问题》2007年第5期。

78. 金永丽、林承节:《独立后印度土地关系的变化》,载《南亚研究季刊》1999年第1期。

79. 乔志敏:《现代资本主义国家对土地利用的干预》,载《外国经济与管理》1996年第7期。

80. 靳相木、杨学成:《中国农村土地制度改革过程的变通性、阶段性和一贯性》,载《山东农业大学学报》(社会科学版)2004年第2期。

81. 蒋晓玲:《农村集体建设用地自发流转的原因分析》,载《和田师范专科学校学报》(汉文综合版)2007年第2期。

82. 姜柏林:《东北:农民合作社促进土地制度创新》,载《中国改革》2005年第7期。

83. 江华、万本红:《中国土地政策目标的障碍与现实选择》,载《华南农业大学学报》(社会科学版)2004年第1期。

84. 康雄华、王世新、刘武:《集体土地产权制度变迁与土地使用权流转的关系探讨》,载《农村·农业·农民》(B版)2006年第6期。

85. 李竹转:《美国农地制度对我国农地制度改革的启示》,载《生产力研究》2003年第2期。

86. 李瑞芬、刘芳:《集体非农建设用地流转制度改革的研究》,载《北京农学院学报》2005年第3期。

87. 李波:《土地银行:新农村建设的新生力军》,载《金融与经济》2007年第1期。

88. 李锦宏:《制度变迁中的路径依赖——兼论我国农地产权制度的创新》,载《农业技术经济》1999年第5期。

89. 李明秋、韩桐魁:《河南省农村土地使用制度现状调查及政策建议》,载《中国土地科学》2001年第3期。

90. 刘秀清、马德富:《启动农村改革的支点——农地制度创新研究综述》,载《西藏民族学院学报》(哲学社会科学版)2004年第3期。

91.刘洪彬、曲福田:《关于农村集体建设用地流转中存在的问题及原因分析》,载《农业经济》2006年第2期。

92.刘铁军:《现阶段我国农地保护的目标选择》,载《中国国土资源经济》2004年第5期。

93.刘新卫:《从"十一五"规划看我国土地利用严峻态势与对策建议——城镇化与农地保护》,载《国土资源情报》2006年第8期。

94.刘正山:《"沦陷"与拯救——"圈地运动"与治理整顿搏击记事》,载《中国土地》2004年第3期。

95.刘永湘、杨继瑞、杨明洪:《农村土地所有权价格与征地制度改革》,载《中国软科学》2004年第4期。

96.梁爱云:《对我国农地产权制度改革的思考》,载《柳州师专学报》1995年第4期。

97.梁亚荣、陈利根:《我国农地所有权制度的变迁与创新》,载《华南农业大学学报》(社会科学版)2006年第2期。

98.路燕、朱道林:《构建与农地流转市场相适应的农地价格体系》,载《价格理论与实践》2006年第2期。

99.林丽琼:《关于我国农地金融制度建设的几点思考》,载《台湾农业探索》2005年第1期。

100.吕建春:《解放后我国农地制度的历次变革及其影响》,载《乡镇经济》2004年第10期。

101.毛传新:《论我国农地产权制度的创新》,载《江西财经大学学报》1999年第1期。

102.马彦琳、马朝群:《农民参与耕地保护的激励机制探讨》,载《国土资源》2006年第8期。

103.孟丽萍:《我国土地金融制度的建设与基本设想》,载《农业经济》2001年第2期。

104.南灵、李世平:《论我国农村土地金融制度建设》,载《中国房地产金融》1999年第10期。

105. 潘小军、莫晓莉:《城乡一体化进程中农地使用权创新》,载《重庆工商大学学报》(西部论坛)2007年第4期。

106. 钱文荣:《试论我国农地利用及保护中的市场缺陷与政府不足》,载《浙江社会科学》2000年第5期。

107. 钱文荣:《不同城市化形态下的农地保护实践与启示》,载《世界农业》2003年第10期。

108. 钱忠好:《中国农地保护:理论与政策分析》,载《管理世界》2003年第10期。

109. 钱忠好:《中国农村土地制度变迁和创新研究》,载《中国土地科学》(1998)第5期。

110. 秦岭:《我国农地制度改革观点评析》,载《农业经济》1998年第2期。

111. 秦勇:《我国农地产权制度的反思与创新》,载《改革与战略》2007年第4期。

112. 曲丰霞:《中国共产党农村土地政策的回顾与思考》,载《兰州学刊》2004年第3期。

113. 任辉、赖昭端:《中国农村土地经营制度:现实反思与制度创新》,载《经济问题》2001年第3期。

114. 施勇杰:《我国农地制度的现状、问题及对策》,载《宏观经济管理》2007年第11期。

115. 孙津:《解放土地:公共所有与股份合作》,载《当代世界与社会主义》2004年第6期。

116. 邵彦敏:《马克思土地产权理论的逻辑内涵及当代价值》,载《马克思主义与现实》2006年第3期。

117. 孙鹤:《中国农地产权制度分析与设计》,载《中国农村观察》1999年第2期。

118. 施虹:《"均田减赋"的深层改革》,载《江苏农村经济》2003年第5期。

119. 山东省沂南县农村社会经济调查队:《"两田制"的功与过》,载《调研世界》1998 年第 4 期。

120. 石霞、张燕喜:《我国农村土地制度改革思路的评析与思考》,载《中共中央党校学报》2003 年第 1 期。

121. 商春荣、王冰:《农村集体土地产权制度与土地流转》,载《华南农业大学学报(社会科学版)》2004 年第 2 期。

122. 汤志林:《我国农地征用监管制度的困境与优化——基于农地发展权视角》,载《农村经济》2006 年第 10 期。

123. 田立、雷国平:《农地使用权证券化、资本化与农地金融》,载《经济研究导刊》2007 年第 4 期。

124. 唐秀君:《改革农地产权制度切实保护农地》,载《国土经济》2001 年第 5 期。

125. 王天义:《土地股份合作制是中国农村土地产权制度改革的选择》,载《中国特色社会主义研究》2004 年第 5 期。

126. 王安岭:《中国农村土地市场发展与改革创新》,载《现代经济探讨》2002 年第 7 期。

127. 王环:《从新农村建设的角度看美国农地产权制度》,载《世界农业》2007 年第 7 期。

128. 王克强:《从地产对农民的生活保障效用谈农村社会保障机制建设的紧迫性》,载《社会科学研究》2000 年第 2 期。

129. 王瑞雪:《对〈农村土地承包法〉若干问题的思考》,载《调研世界》2004 年第 8 期。

130. 温铁军:《中国"三农":值得深思的三大问题》,载《学习月刊》2005 年第 3 期。

131. 谢元态、张田生、李贤海:《国外农地制度的经验及借鉴》,载《中国土地》1999 年第 3 期。

132. 徐智环:《产权、决策权与农地产权制度的变革》,载《税务与经济》2006 年第 3 期。

133. 徐秋慧：《农民失地与农地产权制度安排》，载《东南学术》2007 年第 3 期。

134. 徐桂华、管仁勤：《中国农地产权制度创新构想》，载《经济评论》2001 年第 4 期。

135. 许恒周、郭忠兴、刘芳：《从制度创新理论分析集体土地流转问题》，载《资源·产业》2005 年第 5 期。

136. 易可君：《农村土地流转模式研究》，载《岭南学刊》1995 年第 6 期。

137. 叶艳妹、吴次芳：《我国土地产权制度与耕地保护问题研究》，载《农业经济问题》1997 年第 6 期。

138. 杨晓达：《我国农地产权制度创新的一种设想》，载《农业经济问题》2004 年第 7 期。

139. 杨兴权、杨忠学：《韩国的农地保护与开发》，载《世界农业》2004 年第 11 期。

140. 杨子蛟：《集体建设用地使用权流转的法律思考——兼评〈广东省集体建设用地使用权流转管理办法〉》，载《甘肃社会科学》2006 年第 1 期。

141. 闫芳：《浅析政府在土地征用过程中的角色定位》，载《黑龙江农业科学》2006 年第 2 期。

142. 印堃华、邓伟、孟珺峰、周维颖：《我国农地产权制度改革和农业发展模式的思考》，载《财经研究》2001 年第 2 期。

143. 姚洋：《中国农地制度：一个分析框架》，载《中国社会科学》2000 年第 2 期。

144. 叶伦文、黄利宏、艾南山：《农村集体建设用地自发流转的原因探讨》，载《国土资源科技管理》2003 年第 3 期。

145. 张术环：《当代日本农地制度及其对中国新农村建设的启发》，载《世界农业》2007 年第 6 期。

146. 张安录：《美国农地保护的政策措施》，载《世界农业》2000 年第 1 期。

147. 张效军、欧名豪、李景刚、刘志坚：《对构建耕地保护区域补偿机制的设想》，载《农业现代化研究》2006 年第 2 期。

148. 张建仁：《农村集体建设用地使用权流转的再思考》，载《理论月刊》2007 年第 8 期。

149. 张全景、庞英、马敬杰：《从"三农"问题视角解读我国的耕地保护问题》，载《国土与自然资源研究》2006 年第 2 期。

150. 张飞、陈传明、孔伟：《地方政府竞争、农地非农化与经济增长》，载《资源·产业》2005 年第 5 期。

151. 张鹏、王亦白：《对农村集体建设用地使用权流转试点的思考》，载《法学》2006 年 5 期。

152. 张海涛：《论农村建设用地使用权流转的制度构建》，载《山西经济管理干部学院学报》2007 年第 1 期。

153. 张凤龙、臧良：《农民收入结构变化研究》，载《经济纵横》2007 年第 14 期。

154. 章辉美：《中国农村土地制度变迁对农村社会发展的影响》，载《中州学刊》2005 年第 5 期。

155. 张文菊、陈继萍：《金融扶贫创新：农户资金互助合作社初探》，载《新疆财经》2006 年第 3 期。

156. 赵志凌、黄贤金：《为经济建设和失地农民权益找寻平衡点——海门市农村集体建设用地的调查和思考》，载《改革》2003 年第 6 期。

157. 赵学涛：《发达国家农地保护的经验和启示》，载《国土资源情报》2004 年第 6 期。

158. 曾云敏：《从两田制的兴衰反思中国农地制度变迁》，载《安徽农学通报》2004 年第 1 期。

159. 周其仁：《中国农村改革：国家和所有权关系的变化——一个经济制度变迁史的回顾》（上），载《管理世界》1995 年第 3 期。

160. 周其仁:《中国农村改革:国家和所有权关系的变化———一个经济制度变迁史的回顾》(下),载《管理世界》1995 年第 4 期。

161. 钟笑寒、汤荔:《农村金融机构收缩的经济影响:对中国的实证研究》,载《经济评论》2005 年第 1 期。

162. 中国人民银行泉州市中心支行课题组:《我国农地金融制度构建的现实约束及障碍破解》,载《上海金融》2007 年第 6 期。

163. 周其仁、刘守英:《湄潭:一个传统农区的土地制度变迁》,载《土地制度建设试验监测与评估》,中共贵州省政策研究生、中共贵州省湄潭县委编 1997 年版。

164. 黄小虎:《政府如何保护农民的土地财产权》,载《中国经济时报》2003 年 1 月 9 日。

165. 吕亚荣:《对于农地转非自然增值分配若干问题的基本认识》,载《中国经济时报》2007 年 2 月 1 日。

166. 王小映:《集体建设用地市场化改革思路》,载《中国经济时报》2006 年 2 月 20 日。

167. 许宝健:《推进农地产权制度建设》,载《中国县域经济报》2007 年 6 月 28 日。

168. 周诚:《健全我国农地产权制度的思考》,载《中国经济时报》2004 年 2 月 17 日。

169. 国土资源部:2006 年度全国土地利用变更调查结果显示 我国现有耕地 18.27 亿亩 全国人均耕地 1.39 亩,资料来源:http://www.mlr.gov.cn/xwdt/jrxw/200704/t20070412_80256.htm,2007 年 4 月 12 日。

170. 刘俊文:《耕地:确保粮食安全的基础》,载《调研世界》2004 年第 6 期。

171. 徐耀辉:《实现农民增收要抓好"五点"》,载《农业经济问题》2000 年第 1 期。

172. 张曙光:《论制度均衡和制度变革》,载《经济研究》1992 年第

6 期。

173. 王小映：《土地制度变迁与土地承包权物权化》，载《中国农村经济》2000 年第 1 期

174. 黎元生：《论培育我国农地产权市场》，载《福建师大福清分校学报》1998 年第 1 期。

175. 阿尔钦：《产权：一个经典注释》，《财产权利与制度变迁——产权学派与新制度学派译文集》，上海三联书店、上海人民出版社 1994 年版。

176. H. 登姆塞茨：《关于产权的理论》，《财产权利与制度变迁——产权学派与新制度学派译文集》，上海三联书店、上海人民出版社 1994 年版。

177. 蔺栋华、张东生、李勤锋：《现代产权制度的价值刍议》，载《东岳论丛》2005 年第 2 期。

178. 何新强、张亚圳：《农村土地产权制度改革浅论》，载《三明高等专科学校学报》2003 年第 1 期。

179. 刘凤芹：《农民土地权利的保护与"三农"问题》，载《经济社会体制比较》2005 年第 1 期。

180. 张红宇：《我国农村土地产权政策：持续创新——对农地使用制度变革的重新评判》，载《管理世界》1998 年第 6 期。

181. 段文斌：《论所有制和产权的经济学意义》，载《南开学报》1996 年第 3 期。

182. 厉以宁：《市场经济大辞典》，新华出版社 1993 年版。

183. 华彦玲、施国庆、刘爱文：《国外农地流转理论与实践研究综述》，载《世界农业》2006 年第 9 期。

184. 李强、杨开忠：《西方城市土地利用规制方法研究综述》，载《外国经济与管理》2004 年第 4 期。

185. 刘永湘：《中国农村集体土地产权研究综述》，载《国土经济》2003 年第 1 期。

186. 马德富、刘秀清:《对农地所有制度创新研究的总结和思考》，载《理论导刊》2003 年第 3 期。

187. 洪名勇:《农地产权制度存在的问题及产权制度创新》，载《内蒙古财经学院学报》2001 年第 2 期。

188. 胡存智:《构建农用土地产权新体系》（上），资料来源: http://www. macrochina. com. cn/economy/lltd/20010703011394. shtml, 2001 年 7 月 3 日。

189. 陈剑波:《农地制度:所有权问题还是委托—代理问题?》，载《经济研究》2006 年第 7 期。

190. 岳杰:《专家探求被征地农民补偿合理模式》，资料来源: http://finance. sina. com. cn/g/20050119/08451304325. shtml, 2005 年 1 月 19 日。

191. 杜伟:《失地农民权益保障的制度经济学分析》，载《经济体制改革》2007 年第 5 期。

192. 彭真明、常健:《论中国土地使用权制度的完善——兼评三部〈中华人民共和国民法〉（草案）的相关规定》，载《时代法学》2004 年第 1 期。

193. 刘守英:《中国农地集体所有制的结构与变迁》，资料来源:http://www. drcnet. com. cn/drcnet. common. web/docviewforsearch. aspx? docid=−2237, 1999 年 12 月 10 日。

194. 杜伟, 刘永湘:《关于农村土地产权制度创新的思考》，载《四川师范大学学报(社会科学版)》2005 年第 2 期。

195. 季虹:《论农地使用权的市场化流转》，载《农业经济问题》2001 年第 10 期。

196. 刘友凡:《稳定承包权　放松经营权——湖北省黄冈市农村土地流转情况的调查》，载《中国农村经济》2001 年第 10 期。

197. 高伟:《构建农地金融制度促进传统农业转变》，资料来源:http://www. drcnet. com. cn/DRCnet. common. web/DocView. aspx?

DocID＝1495605&LeafID＝1&ChnID＝7,2007 年 4 月 29 日。

198. 张效军、欧名豪、李景刚:《我国耕地保护制度变迁及其绩效分析》,载《社会科学》2007 年第 8 期。

英文部分

1. Dong, X, 1996, "Two-Tier Land Tenure System and Sustained Economic Growth in Post—1978 Rural China." *World Development*, 24 (5):915-928.

2. James Kai-Sing Kung, 2000, Common Property Rights and Land Reallocations in Rural China: Evidence from a Village Survey, *World Development*, Vol. 28, No. 4, April 2000.

3. Brandt, Loren, Jikun Huang, Guo Li, 2002, "Land Rights in China: Facts, Fictions, and Issues." *China Economic Review*, No. 47, 2002, pp. 67-97.

4. Rozelle, Scott et al. 1999, "Leaving China Farms: Survey Results of New Paths and Remaining Hurdles to Rural Migration", *The China Quarterly*, no. 158, p. 367.

5. Turner, M. , L. Brandt and S. Rozelle, 2000, "Local Government Behavior and Property Right Formation in Rural China", Working Paper, Department of Economics, University of Toronto.

6. Douglass. Institutional Change and Economic Growth. *Journal of Economic History*, March 1971.

责任编辑:陈鹏鸣
装帧设计:徐　晖

图书在版编目(CIP)数据

新中国农地制度研究/曾令秋　胡健敏著. -北京:人民出版社,2011.9
ISBN 978－7－01－007574－7

Ⅰ. 新…　Ⅱ.①曾…②胡…　Ⅲ. 农业用地–土地制度–研究–中国
　Ⅳ. F321.1

中国版本图书馆 CIP 数据核字(2008)第 199990 号

新中国农地制度研究

XINZHONGGUO NONGDI ZHIDU YANJIU

曾令秋　胡健敏　著

人民出版社 出版发行
(100706　北京朝阳门内大街 166 号)

北京中科印刷有限公司印刷　新华书店经销

2011 年 9 月第 1 版　2011 年 9 月北京第 1 次印刷
开本:710 毫米×1000 毫米 1/16
印张:14　字数:210 千字

ISBN 978－7－01－007574－7　定价:30.00 元

邮购地址 100706　北京朝阳门内大街 166 号
人民东方图书销售中心　电话 (010)65250042　65289539